オリンピック
経済幻想論

アンドリュー・ジンバリスト／著

ブックマン社

オリンピック経済幻想論／目次

●日本語へ翻訳する際、新たに加えた注釈は（　）にて記しています。
また、本文内に収まりきらなかったものは［★］を付記し、巻末にまとめて記しています。

● 2016年1月現在の情報にてまとめています。

CIRCUS MAXIMUS:
The Economic Gamble Behind Hosting the Olympics and the World Cup
by Andrew Zimbalist

Licensed by The Brookings Institution Press, Washington, DC, U.S.A.
through Japan UNI Agency, Inc., Tokyo

日本語版へのまえがき

日本にはオリンピックをめぐる長い歴史がある。その歴史は日本オリンピック委員会が創設された１９１１年から始まる。次の年に日本の選手たちは初めて夏季オリンピックに参加した。二度目の参加となった１９２０年に初めてメダルを獲得し（熊谷一彌《いちや》、テニス）、１９２８年に初めて金メダルを獲得した（織田幹雄、陸上三段跳び）。

東京は１９４０年大会の開催地に選出されたが、１９３７年に日本が中国に侵攻を開始したことを受け、ＩＯＣはヘルシンキへと開催地を変更した（大会は最終的に第二次世界大戦によって中止となった）。その後、日本は敗戦の影響で１９４８年大会の参加が認められなかった。

東京で開催された１９６４年のオリンピックは多くの点で重要な意味がある。この大会はアジアで開催された初めての大会であり、衛星中継で初めて世界中に放送された大会でもあった。東京の8月の暑さと湿気を避け、大会は10月10日から開始された。そして終戦から19年後の１９６４年大会の開催は、日本が再び国際社会の一員となり、急速な経済発展を遂げていく過程と歩みをともにしていた。開催の準備にあたり、東京は交通機関、通信設備、そしてホスピタリティのインフラに多大な投資を行った。所得倍増計画のもと都市の光景は1955年から1965年にかけて大きく様変わりしたものの、それは1964年大会開催へ向けた取り組みによるところが大きい。日本におけるこの時代の未曾有の高度経済成長は、オリンピックが発展の原動力だったとよく語られる。確かにオリンピックは東京の発展の一部を後押ししたかもしれないが、実際はオリンピックがなくてもこの発展は起きていたはずだ。それも、もう少し整然とした発展の仕方だったかもしれない。

世界を驚かせたいという日本の願望、IOCからの厳しい条件、そしてすべての会場や宿泊施設完成への厳格な締切期日によって、実を言えば数々の好ましくない結果が生じてもいる。『ジャパンタイムズ』紙の記事のなかで、ロバート・ホワイティングは1964年大会の大規模な建設プロジェクトによる環境、住居、雇用、そして景観への損失について詳細に論じている［★1］。

・世界に日本の技術発展を誇るため、東京と大阪を結ぶ新幹線の開通が急がれたが、大阪ではオリンピック競技は行われていない。新幹線の開通はオリンピック開会式の9日前のことだった。開通を急いだことにより、費用は当初の予算の2倍、10億ドルにもおよんだ。

・高速道路が川や、運河や、海浜地域にも作られたが、強固な地盤を作り、建築を可能にするため、埋め立てゴミやコンクリートが使用された。これにより漁業活動は規制され、大森（東京都大田区）の有名な海苔の養殖地は姿を消した。東京の可航水域は大幅に減少した。

・国立競技場付近に住む100家庭以上の住民が立ち退きを迫られた。文京区や千代田区でも同様のことがあった。

・「安価で遅れず快適に街を行き来する」路面電車が廃止されることもあった。

・暴力団や政治家が関わることで不正入札や価格共謀が蔓延した。暴力団は朝鮮半島などから安い労働者を連れてきて、臨時の宿泊所や、屋台や、賭博場や売春宿を提供した。

加えて、会場や道路の多くは雑な作りだった。さらに日本はオリンピック関連のインフラ建設の財源として世界銀行からの借金返済に30年を要した。

そして1972年、札幌が冬季大会を開催した。これはヨーロッパと北米以外で開催される初めての冬季オリンピックだった。また長野も1998年に冬季オリンピックを開催した。1998年11月にソルトレイクシティの大会組織委員会が2002年冬季オリンピック開催権獲得のためIOC委員に賄賂を贈ったというニュースが報じられ始めると、記者たちは長野の大会組織委員会に金銭記録の開示を迫った。そして記者たちは、長野の組織委員会が帳簿の焼却を指示したことを知らされる。組織委員会の次長、山口純一《すみかず》は「機密情報」を含んでいたため帳簿を処分したと説明した。この長野招致をめぐる賄賂については様々な説が流れている。そのひとつが、当時のIOC会長フアン・サマランチに近しいアドバイザーだったアルトゥール・タカクスに関するものだ。タカクスの息子は長野大会組織委員会のロビイストを務め、36万3000ドルの報酬を受け取り、長野での開催が決定した際はボーナスを受け取ることになっていたため疑惑の眼差しが向けられた。また別の説では、ある日本の企業団体が、長野での開催が決定した暁には、ローザンヌのオリンピック・ミュージアム建設に2000万ドルを寄付する約束をしていたことも招致との関連が疑われた。一方で長野大会のメイン会場は、人口40万人に満たない都市が存分に活用するには大きすぎ、やがて野球場へと変わった。しかし残念なことに、日本のプロ野球には長野に拠点を置くチームはない。

さて、東京は2016年夏季オリンピックに立候補したが、リオデジャネイロに敗れた。そしてイスタンブールとマドリードとの競合の末、2020年大会の開催権を勝ち取った。当初の2020年大会のプランでは、すべての会場を東京の中心部に集約する予定になっていた。しかし土地や建設費用の高騰により、現在のプランでは会場を分散する予定になっている。また、1964年大会時に建てられた国立競技場を取り壊し、超近代的な競技場に建て替える予定だった。新競技場の設計や建設計画が練られていくにつれ、予算は膨らんでいった。多くの人々が新競技場のデザイン案は魅力的なものでなく、自転車競技のヘルメットみたいだと言った。開閉式の屋根にすると、新競技場建設の推定費用は25億ドルにも達した。

30億ドルがかかるという選手村建設、その他様々な会場の建設、そして1976年以降の夏季オリンピックは平均して252%の予算超過になっている事実から、新競技場建設計画への反対の声はどんどん大きくなっていった。日本の2015年の経済は下降気味で、インフラ整備もまだ充分でなく、2011

年の福島の大災害に対してもやるべきことが多く残っている。なのになぜ17日間のスポーツイベント開催にこれほどの資金を浪費するのか、日本人の大多数は理解できなかったのだろう。

反対の声や抗議活動を受け、2015年7月に日本政府とオリンピック組織委員会は新競技場デザイン案を白紙に戻し、もう一度デザイン案のコンペを開き、建設コストは最大13億ドルまでとすることを発表した。スタジアムの建設会社が価格を抑えるために中国やフィリピン、マレーシアやインドネシアなどから安い労働力を連れてくることになっても不思議ではない。一方で、スタジアムは6万8000席から8万席となり、屋根と空調は無くなる（大会は1964年のように10月ではなく、7月と8月の炎天下で行われる）。そして当初約束されていた、2019年ラグビーワールドカップには間に合わないことになる。

ほかにも、2020年東京大会の悪いニュースは続いた。佐野研二郎によるオリンピックエンブレムが、盗用だとして批判を受け始めたのである。これもまた政府と組織委員たちを大きく悩ませることとなった。そして2015年9月1日、エンブレムは撤回され、新たなデザイン案のコンペが行われることが決まった。東京都は佐野氏作のエンブレム入りのグッズにすでに多くの金額を使っており、東京大会のスポンサー企業もエンブレムの使用権料に数千万ドルを支払っていた。このように、日本政府と大会組織委員会はすでに金銭的にも広告的にも頭を悩ませており、これが大会まであと5年は続く。

数々の逆風や長年にわたる問題を抱えながらも、歴代日本政府は世界的巨大スポーツイベントの開催に希望を持ち続けてきた。焼け野原からインフラ整備を加速し、平和的なメンバーとして国際社会に再び進出し、技術力と経済的潜在能力を世界に誇るきっかけを模索していた時期の1964年大会のことを考えると、政府が開催に熱心になるのも理解できなくはない。しかし、今回の開催は擁護することも、理解することも難しくなってきている。

本書を読み進めると、オリンピックの開催による経済的効果はそれほど期待できないことが分かるだろう。開催地は何十億ドルもの資金を費やし、巨額の借金を作り、様々な社会的混乱や環境破壊を引き起こし、他の目的で使った方が生産的かもしれない土地を奪っていく。

IOCは魅力的な言葉で彼らの目標を語り、人権や、持続可能性や、雇用創出や、健康的なライフスタイルや経済発展を説く。しかし残念ながら、現実はそのような甘い言葉通りにはいかないことをこれまでの大会が示している。

改訂版への序文

本書がアメリカで出版されてからの1年で、オリンピックには大きな動きがあった。ＩＯＣは「アジェンダ２０２０」と題された提言を採択し、２０１６年大会を控えたリオデジャネイロは多くの困難に見舞われ、東京は25億ドルの新競技場建設計画を白紙に戻し、ボストンは２０２４年大会の立候補を取りやめた。

本書の第一版は、アメリカ・オリンピック委員会が２０２４年夏季オリンピックのアメリカ代表候補地としてボストンを選出した直後に出版された。ボストンがあるマサチューセッツ州に住む私は、すぐさまボストンでオリンピックを開催する妥当性についての公的な議論に参加していった。『ボストン・グローブ』紙に寄稿し、講義を行い、ラジオやテレビに出演し、ボストン財政委員会や、全米黒人地位向上協会の幹部会や、州議会で見解を述べ、クリス・デンプシー率いる反対運動「ノー・ボストン・オリンピック」に関わり、大会を運営する予定の組織「ボストン２０２４」から応援の要請を受け、ゴールデンタイムのテレビ番組でスティーヴ・パリュウカやダン・ドクトロフと討論した。多くは刺激的で、教えられることが多く、楽しめるものだったが、その期間の私にはほとんど誰からも電話がかかってこなかった――私はそれを名誉の勲章だと思うことにした。

この改訂版には、まとめを付けてボストンの招致活動の詳細と、この1年のオリンピックをめぐる目立った動きについて論じている。本文にも第一版から加筆修正を加えた。

この1年の「ボストン2024」の愚かな行為について私と何度も語り合ってくれた「ノー・ボストン・オリンピック」のクリス・デンプシーに大きな感謝を。何度も厳しい意見をぶつけてくれたジム・ブロディとマージェリー・イーガンにも礼を言いたい。アンディ・ラーキン、イーノ・ゲルデス、リアム・カー、ケリー・ゴセット、リサ・ジェナーシ、テッド・カーツエロ、ダン・ガードナー、スタン・ローゼンバーグ、ビル・ストラウス、エリザベス・ウォーレン、ジョン・ヘンリー、マルコム・マクニー、アーサー・マキューアン、ダグ・ルービン、そしてピーター・クワスらとの会話からは多くの示唆を受けた。ブルッキングス研究所出版のビル・フィナンとヴァレンティナ・カークは最後まで支えてくれる何よりの味方だった。最後に、私の仕事に関心を持ち支援してくれたシェリー、アレックス、エラ、ジェフ、そしてマイクに大きな感謝と変わらぬ愛を贈りたい。

アンドリュー・ジンバリスト

第一章

オリンピックの問題点

儲かるという幻想はロサンゼルスから始まった

どの都市も1984年のオリンピック開催都市になりたがらなかった。1968年のメキシコシティ大会は暴力や政治的抗議に見舞われた。1972年のミュンヘン大会は、パレスチナのテロリストによりイスラエル選手団が人質に取られ、結果11名が殺害される悲劇的な事件（ミュンヘンオリンピック事件）を生む結果となった。1976年のモントリオール大会は当初の予算の9・2倍もの費用がかかり、同市が払い終えるのに30年を要する負債を抱えることとなった。

当時オリンピックを開催することに伴う利点は何もなく、国際オリンピック委員会（IOC）は開催地探しに躍起になっていた。そして競合もないまま、ロサンゼルスが名乗りを上げて開催地に決定した。IOCがいかなる損失も補償することになり、一方のロサンゼルスも1932年大会開催時のものを含む既存のスポーツ施設を使用することで基本的にはやりくりができそうだった【★1】。この好都合な縁組みは、ピーター・ユベロスによる賢明で積極的な企業協賛戦略の数々と相まって、ロサンゼルス大会を2億1500万ドルという充分な利益の実現へと導いた。

このロサンゼルス大会の経験から潮目が変わった。利益を生む可能性がある魅力的な道が示されたことで、あらゆる国や都市がオリンピック開催という栄誉にあずかるべく列をなすようになった。オリンピック招致に向けた国家競争は、アスリートたちの競争とほとんど変わらぬほどに激しさを増している。立候補都市は招致に向けてどんどん資金を投じるようになっていき、現在では、招致活動だけに1億ドル以上をかけることも珍しくない。

各候補都市が招致に向けた競い合いを演じた結果、開催費用も2008年の夏季オリンピック北京大会では400億ドルを超え、2014年の冬季オリンピック・ソチ大会では500億ドルを超えたとも報じられた。近年では開発途上国も招致に参加し始めている。彼らは輸送機関、通信網、エネルギー、ホスピタリティ、そしてスポーツ施設の不足により、これまで以上の高額な投資を必要としている。

しかし歴史は繰り返しているようにも見える。負の要素が増え、1970年代後半に立候補都市が減っていったのと同じように、2014年までに高騰した費用は、資源に乏しく公共サービスが不充分な国々に大きな負担を強いるようになった。大会を後押しする者たちはスポーツの祝祭を開催すれば大きな経済的利益が得られると声高に叫んでいたものの、地元の人々は乗り気ではないようだった。経済的利益を得られる確証がないだけでなく、社会的混乱が起きたり、基本的サービスの向上を差し置いて資金が別のものへ投入されたりなどの問題があった。オリンピックは裕福な後援者たちの利益にはなるかもしれないが、所得階層の中間や下位の人々がツケを払っているように思われる——そしてますます、彼らはオリンピック開催を敬遠するようになる。

当然、IOCの理事たちは皆、経済的エリートに属している。彼らはファーストクラスに搭乗し、最高級のホテルに滞在し、訪れた都市の政治家やビジネスリーダーたちと親交を温めている。

IOCの委員たちは無報酬であるものの経費が優遇されており、その組織は裕福な人たちや、有名人、そしてパーティー会場や役員会議室でも競技場と同じように悠然と振る舞えるような人々で多くが構成されている［★2］。IOCで委員を務める王族としては、ヨルダンのファイサル・ビン・アル・フセイン王子、デンマークのフレデリク王太子、ヨルダンのハヤー・ビント・アル・フセイン王女（ドバイ王妃）、カタール国のシェイク・タミーム・ビン・ハマド・アール・サーニ首長、サウジアラビアのナワーフ・ビン・ファイサル・ビン・ファハド・アール＝サウード王子［★3］、クウェートのアフマド・アル＝ファハド・アル＝サバーハ王子、イギリスのアン王女、リヒテンシュタインのノラ王女［★4］などがいる。

格差は経済発展の途上にある国々でより切実な問題となっている。スポーツの巨大イベント開催がその国の格差を大きく改善することはほとんどない一方で、そのイベントが現状の格差のあり方を助長するのはほぼ間違いがない。オリンピックはかなり宣伝され人の目に触れているが、それは結局、浪費とも思える高額な費用に人々の注目と軽蔑が集まる結果にしかならないだろう。

開催地はどのように決まるのか⁉

オリンピック招致活動は通例として、開催年の11年前に各国の国内オリンピック委員会（NOC）が国内で立候補希望都市を募る。その後、関心を示した都市間で競争が行われ国の代表を決める。これが開催の9年前。この段階で選ばれた都市は「申請都市」となり、各申請都市は審査のためIOCへ15万ドルを支払う。やがて申請都市は3から5都市の最終候補、いわゆる「立候補都市」に絞られる。各立候補都市はオリンピック開催都市としての選考を受けるためIOCに追加で50万ドルを支払う。

都市の招致活動は、例えば建設会社、建設組合、保険会社、建築会社、ホテル、地元のメディア企業、投資銀行家、各企業の弁護士たちなど、その都市の大手私企業の思惑によって突き動かされている［★5］。彼らは招致に向けた人々の関心や情熱を生み出すため、そして都市に経済的利益がもたらされるという主張を練るために、広告会社やコンサルティング会社を雇う。

しかし、特別なケースを除いて、見込んでいた利益がもたらされることはない。そして同じくらい厄介なのが、開催に向けて都市は区画整理しなければならない場合が多いことだ。それはときに、コミュニティや仕事の再配置、出稼ぎ労働者の雇用、重要な社会サービスに対する資金投入の後回し、そして数十億ドルの借金、未来の増税などを伴う。さらに開催までの過程で、地元住民は会場建設やインフラ整備の名のもとに渋滞や汚染を経験する。それらのインフラは大会後の使用用途がほとんど、あるいはまったくない可能性があり、入場料や通行料も一般の人々にとっては高額のものになることもある。

大会の7年前、各都市が開催地にふさわしいとIOCにアピールする2年間を経て、IOCが開催都市を決定する。世界中からの複数の立候補に対して選考組織はひとつであるため、開催を勝ち取るには予想以上の出費をまず避けられない。各都市の招致を後押しする企業は、都市の利益ではなく自社の利益を追求しているため、招致費用の高騰は留まらない。さらにこうした企業は建設費を払う必要すらない。それどころか、彼らは高額な契約で、金を受け取る側にいる。経済学者たちは、こうした招致過程の結果「勝者の呪い」が生まれると考えている――勝者は実際の市場価値以上の金額を支払って開催権を得ることになるのだ。

ＩＯＣにとって問題なのは、一般の人々による抗議が起こると、政治家たちがオリンピックの開催は経済的にも政治的にもそこまで得策ではないのではないか？と我に返ってしまうことである。そうして立候補する都市や国が減っていく。２０１３年３月スイスのサンモリッツとダボスで、２０１３年11月ドイツのミュンヘンで、２０１４年1月スウェーデンのストックホルムで、２０１４年5月ポーランドのクラクフで、２０２２年オリンピック冬季大会へ向けた立候補が住民投票で否決されたのがいい例だ［★6］。２０１４年10月には「ＩＯＣをサウジアラビアの王様のように扱わねばならない理不尽な要求」に不快感を示したノルウェー政府が、２０２２年冬季大会に立候補していたオスロに対する財政保証を行わない決定を下した。その結果、オスロは招致から撤退し

ＩＯＣは窮地に立たされた。環境的にも、経済的にも、人道的にも難題を抱えた権威主義的な二国の都市、カザフスタンのアルマトイと、中国の北京から開催地を選ぶ他なくなったのである。

ＩＯＣの新しい会長トーマス・バッハは２０１３年12月から２０１４年１月にかけて、２０２４年夏季大会へ各都市の立候補を促すため様々な方法を探った。２０１４年２月にロシアのソチで行われたＩＯＣ総会で、１９７０年代後半に起きた立候補都市減少と似たサイクルに陥ることを避けるため、バッハは新たな選考過程を提案した。そして２０１４年12月、ＩＯＣはバッハの改革案「オリンピック・アジェンダ２０２０」を可決した（「アジェンダ２０２０」と題された提言の数々が真の改革案となるか、単なる見せかけにすぎないかについては本書のまとめに記す）。

以降の章では、ここに採り上げたすべての問題について詳細に見ていく。次の章では、オリンピックが現代の「最大の競技の場《キルクス・マクシムス》」となっていった過程と、直面する課題について検討する。第三章ではオリンピックで生じる短期的なコストと利益について考察する。第四章では開催による長期的・継続的効果を分析する。第五章では１９９２年夏季大会のバルセロナと２０１４年冬季大会のソチついて、第六章では２０１６年夏季大会を控えたリオデジャネイロ、そして２０１２年夏季大会を開催したロンドンの内実を検討する。第七章では開催国や開催都市のメリットとデメリット、ＩＯＣが直面している問題点、そして彼らの改善への取り組みやさらなる改善点について指摘する。まとめではオリンピックの招致に影響を与えた２０１４年９月から２０１５年９月にかけての主な進展について触れ、それらの進展がイベントの将来にどんな意味を持つかを考える。

第二章
オリンピックの起源

近代オリンピックは1896年のアテネ大会から始まった。その内容は200年以上前の古代オリンピックから大きな変貌を遂げている。

アマチュアリズムの時代

フランスの貴族であり、インテリであり、作家でもあるクーベルタン男爵ピエール・ド・フレディは、イギリスのラグビー校で学校体育を学んだ。クーベルタンは、体育を取り入れたイギリスの教育システムが心身のバランスの取れた成長を促し、19世紀のイギリス躍進の原動力になったのだと考えるようになった。一方のフランスは、普仏戦争（1870年〜1871年）の屈辱的な敗北が尾を引いており、クーベルタンは教育改革こそが国造りの重要な要素になると信じていた。

しかしクーベルタンの教育改革への取り組みはなかなか実を結ばず、彼はやがて新たな計画に尽力するようになる。教育改革時と同じように体を動かす運動競技の利点に着目し、ギリシャの古代オリンピックの復興を目指したのだ［★1］。クーベルタンはそこに古代オリンピックで体現されていたと考える2つの基本原則を織り込んだ。①競技者はアマチュアであること［★2］。②大会は異なる文化や敵対する国々をひとつにまとめ、よりよい理解と平和を促進する手段であるべきだ、という2点である。

古代オリンピックがクーベルタンの想像したようなアマチュアリズムと平和を体現するものであったことに懐疑的な歴史家たちもいる。古代ギリシャの競技者たちは直接的であれ間接的であれ、毎回報酬を受け取っていたとする歴史家もいれば、紀元前480年以降になって初めてプロ競技化したのだと主張する歴史家もいる。実際はどうあれ、アマチュアリズムという考え方には階級の違いを前提にしたものだったことは彼らの誰もが認めるところだ。当時スポーツに打ち込める余暇があるのは上流階級だけだったのである。近代のオリンピックもアマチュア競技者で構成すべきだという19世紀後半のクーベルタンの主張は、参加者を上流階級に限定するに等しいものだった。

古代オリンピックは平和を促進するものだったというクーベルタンの考えも疑わしかった。目に見えて平和が促進された例といえば、会場となるオリンピアへの道を競技者や観客たちが安全に通行できるよう交戦地域間で取り決めがあったことくらいだ。オリンピックがそれまでの敵対関係を終結させたり、新たな抗争を防いだりしたという証拠はないように見受けられる。

オリンピック・ムーブメント

近代オリンピックがアテネで開始された1896年夏、クーベルタンが正しい歴史を認識しているのか神話を追い続けているだけなのかは問われなかった。オリンピック・ムーブメント（訳注：スポーツを通じてオリンピックが持つ諸価値を普及させ、よりよい世界の構築に貢献するための活動）の意志は、以下のような原則とともにオリンピック憲章に記されている。

オリンピズムは肉体と意志と精神のすべての資質を高め、バランスよく結合させる生き方の哲学である。オリンピズムはスポーツを文化、教育と融合させ、生き方の創造を探究するものである。その生き方は努力する喜び、よい模範であることの教育的価値、社会的な責任、さらに普遍的で根本的な倫理規範の尊重を基盤とする。

オリンピズムの目的は、人間の尊厳の保持に重きを置く平和な社会を奨励することを目指し、スポーツを人類の調和の取れた発展に役立てることにある。

人種、宗教、政治、性別、その他の理由による、国または個人に関する差別はいかなる形態であれ、オリンピック・ムーブメントと相容れない。
［★3］

当初、この非差別原則は単なる建前にすぎなかった。なぜなら1896年アテネ大会に女性アスリートはひとりも参加していない。初回の近代オリンピックは現代の基準からすれば小規模なものだった。欧米先進国14カ国から241名が参加し、43種目で争われた。アテネの組織委員会は4カ国でのサッカー競技の開催を予定していたものの、どの国も姿を現さなかった。アテネ大会は官民両面からの資金協力で成り立っていた。

続く2つの大会は1900年にパリで、1904年にセントルイスで開催されたが、同時期に開催されていたパリ万国博覧会、そしてセントルイス万国博覧会のため影が薄れてしまった。しかしながら、パリ大会はサッカー競技が開催されたことに加え、初めて女子選手が参加したことで記念すべき大会となった。確かに女子選手の数はわずかだったものの、少なくとも第一歩を踏み出したのである。パリ大会には997名の男子選手が参加したが、女子選手は22名のみだった。セントルイス大会には海を渡って参加する選手はほとんどおらず、参加681名のうち、なんと580名がアメリカの選手だった。

1908年にはロンドンが、1912年にはストックホルムが開催都市となった。ストックホルム大会は五種競技と十種競技で金メダルを獲得したネイティブ・アメリカンのジム・ソープの目覚ましい活躍が人々の記憶に刻まれた大会だ。しかしソープがカーライル・インディアンスクールの学生だった頃、夏のあいだ野球のセミプロチームでプレーしていたことを認めると、IOCは彼のメダルを剝奪した。このIOCの行為の裏には人種差別があったのではないかと疑問を投げかける批評家もいた。

1916年大会は第一次世界大戦のため中止となり、大戦終結から2年後に行われた1920年大会はベルギーのアントワープで開催された。オリンピックは政治とは無縁で世界平和を促進するものであるはずだったが、第一次世界大戦時の連合国側は敵国をアントワープオリンピックに参加させる意志はなく、ドイツはあっさりと除外された（その他、オーストリア、ハンガリー、ブルガリア、トルコも参加を禁止された）。この大会で女子選手の数は64人に増えた。男子選手は2604名だった。

金、政治、オリンピックというブランド

　このアントワープ大会は将来の開催都市の潮流となるひとつの性質を備えたものだった。裕福なスポーツマンやビジネスマンたちが万博とともにオリンピックの招致を牽引したのである。彼らは１００万ベルギー・フランの提供に同意し、市にも80万ベルギー・フランの提供を求めた。そして１９１９年、開会式が16カ月後に迫ったところで、ついにアントワープが開催都市に決定した——それゆえ、スタジアムが完成しなかったことや、競技場の状態が悪かったこと、宿泊施設が足りなかったこともうなずける〔★4〕。アントワープの組織委員会は地元のビジネスを宣伝するため大会の数カ月前から商業イベントを行った。最終的に、財務状況は以下のような形となった。

①民間からの１００万ベルギー・フランの寄付は年利４％の融資へと変更。
②政府、行政区、そして市からの寄付は総額２５０万ベルギー・フランに。
③大会終了後の最終赤字は62万６０００ベルギー・フラン。

　その一方で、後援者である地元のスポーツ界およびビジネス界のエリートたちは、新たなビジネスやスポーツ施設の近代化によって恩恵を受けた。ベルギーの歴史家二人は次のように結論づけている。「明らかなのは、大いなる運を

持った少数の有力者たちが自らの経済的利益や社会的地位の向上にオリンピックを利用することに成功したということだ」［★5］

アマチュアリズムの徹底はＩＯＣ内からも反発の声が上がった。ＩＯＣは１９２５年５月にプラハで総会を開いている。アマチュアリズムは必要か？　もし必要であるなら、選手たちの費用は支払うべきか？　選手たちは仕事を休む埋め合わせとして「休業手当」を受け取れるのか？　議論の末、選手たちは15日分相当の金額は受け取れるが、それ以上の補償は行わない方針で進むこととなった。しかし国際サッカー連盟はこれに反対し、同連盟に所属する選手たちに対して休業手当を支払うと主張した。［★6］

クーベルタンの意志や熱意とは対照的に、近代オリンピックは政治的争いから決して無縁ではいられなかった。１９３０年代以前の理想主義者たちがこのことを自覚していなかったがために、１９３６年の夏季および冬季オリンピックがドイツで開催されることに反対派も説得されたのだろう。

１９３１年５月、１９３６年のオリンピック開催国がドイツに決まった。中道派のハインリヒ・ブリューニングが首相を務めていた時代だ。ヒトラーによる統治が始まるのは１９３３年１月、大会に向けた組織委員会が結成された６

日後のことだった。

独裁者とオリンピック

１９３４年のワールドカップはムッソリーニ政権下のイタリアで行われた。新スタジアム建設とインフラ整備に対してムッソリーニが潤沢な予算を提示したことが大きな要因となり、１９３２年にスウェーデンではなくイタリアが開催国に選ばれた。ドイツが１９３６年のオリンピックを新政府宣伝の手段だと見なしていたのと同じように、ムッソリーニもこのワールドカップをイタリアのファシズムをアピールする機会と捉えていた。そして後にドイツ人たちに起こるような選手の追放や選別もなく、ムッソリーニのイタリアチームは同大会で優勝した。

いくつかの国では１９３６年にドイツで開催される夏季・冬季オリンピックに対するボイコットへ向けたロビー活動が活発に行われた。何より懸念されていたのは、ヒトラーがドイツ選手団にユダヤ人選手の参加を認めないのではないかという点だった。ドイツ政府はユダヤ人選手への公平な扱いを口頭でしか保証しかなかったものの、アメリカ大会組織委員会の要人であり後のＩＯＣ会長となるアベリー・ブランデージは、ボイコットを検討していたアメリカに参加を呼び掛けた〔★7〕。ところが最終的に、ドイツ選手団にユダヤ人が選ばれることはなかった〔★8〕。ヒトラーの怒りを買わないようにするためか、ブランデージのご機嫌取りはさらに続き、彼はアメリカの陸上選手唯一のユダヤ人だった二人さえもリレー競技から外すよう手を回したと言われている〔★9〕。

このベルリン大会で目覚ましい活躍をしたのがアメリカの黒人選手ジェシー・オーエンスだった。100メートル走で10・3秒の世界記録を叩き出すなど、個人種目で3つの金メダルを獲得し、「アーリア人の優位性」を説く主張に一石を投じた。アジア勢では、韓国の孫基禎（ソン・ギジョン）がマラソンで優勝し、日本人が水泳で金メダル4つ、銀メダル2つ、銅メダル5つを獲得。ヒトラーのプロパガンダ軍団と化したドイツ選手団には勝利を目指してさらなる奮闘が求められることになった。〔★10〕

放送利権ビジネスの始まり

1936年の大会は初めてテレビ放送されたオリンピックでもあった。内容は限定的でドイツ国内のみの放送であり、開催国内のみでの放送という形式はこれ以降しばらく続くことになる。

１９４０年と１９４４年の大会が第二次世界大戦の影響で中止となった後、１９４８年大会がロンドンで行われ、このときもテレビ放送はイギリス国内だけだった。同様に、１９５６年のメルボルン大会もオーストラリア国内のみでの放送だった［★11］。

１９６０年夏季ローマ大会で初めて西ヨーロッパ諸国に生中継され、その数は合計21カ国におよんだ［★12］。アメリカの放送局ＣＢＳは国内でゴールデンタイムに放送するため放映権に66万ドルを支払った。この慎ましい金額のうち、ＩＯＣが手にしたのはわずか５％で、残りの95％はイタリアの国内オリンピック委員会（ＮＯＣ）が受け取った。そして１９６４年の夏季東京大会では初めて衛生中継が行われ、初の世界放送となった。［★13］

１９６８年のメキシコシティ大会では、アメリカ国内の放映権料は４５０万ドルに跳ね上がる。額が大きくなっていくに従い、その分配法をめぐりＩＯＣ、各国内オリンピック委員会、各スポーツの国際競技連盟、そして当地の大会組織委員会のあいだで軋轢《あつれき》が生じ始めた［★14］。そして１９６８年の大会については次のような妥協案に落ち着いた。最初の１００万ドルをＩＯＣ、国内オリンピック委員会、国際競技連盟で均等に分配。次の100万ドルは、3分の1をオリンピック組織委員会が受け取り、3分の2をIOC、国内オリンピック委員会、国際競技連盟で均等に分配。その次の100万ドルは3分の2を大会組織委員会が受け取り、3分の1がIOC、国内オリンピック委員会、国際競技連盟で分け合う［★15］。この計算式はテレビ権料の高騰や情勢の変化などを受けて微調整を繰り返している［★16］。IOCは国内オリンピック委員会と国際競技連盟と料金を分け合い続けている。IOCと各大会組織委員会におけるテレビ放映料分配の推移は表2－1に示した。

表2－1のパーセンテージはルールというよりは目安である。テレビ放送に対するIOCの見解は1970年代から80年代にかけて確立されてきたが、いまだに大会組織委員会とIOC間のみならず、I

表 2-1　1948 年から 2010 年にかけてのテレビ放映料分配の推移

期間	IOC（%）	大会組織委員会（%）
1948-68	1-4	96-99
1972-80	10	90
1984-92	33	67
1996-2004	40	60
2006-2010	51	49

出典：Data kindly provided by Denis Oswald of the IOC Executive Committee.

OC、国内オリンピック委員会、各国際競技連盟のあいだでも収入の分配法をめぐる議論は続いている。なかでも議論の的になっているのが、放送局から現金として支払われる金額と、カメラやスタジオや技術者や通信機器などの「技術サービス」に支払われる代金をどのように分配するかだ。例えば1984年夏季オリンピック・ロサンゼルス大会では、ABCがアメリカでの放映権料2億2500万ドルを支払った。そのうち、1億ドルが料金として支払われ、残りの1億2500万ドルが技術サービスに割りあてられた。多くの準備交渉と数度の渡航を経て、ロサンゼルスの大会組織委員会は全体の放映権料2億2500万ドルではなく、現金取引分1億ドルの3分の1、つまり3300万ドルのみを受け取ることを承諾した［★17］。他の大陸のテレビ放映料の分配についても反対意見が出たため、そうした例についてはIOCが25％ほどを受け取ることで落ち着いた（こうした国々では主に国営放送の存在が大きかったことや価格協定によって放映料はずいぶん安かった）。［★18］

1968年の夏季メキシコシティ大会――開発途上国で開催された初めてのオリンピック――からはオリンピックをめぐる新たなタイプの政治的駆け引きが発生した。アパルトヘイト下の南アフリカの参加を認めるかどうかについての議論が4年ごとに繰り返されたのである。1952年から1972年までIOCの会長を務めたアベリー・ブランデージは、ここでもまた倫理的でない側に味方し、南アフリカチームの参加を支持した。しかしIOCの委員たちは投票で南アフリカの参加を認めない決議を下した。この決定から程なく、国連安全保障理事会は独立したばかりの白人至上主義的なローデシア政権を非難し、開催地メキシコもブランデージの指示に反してローデシアチームへの入国ビザの発行を拒否した。

そのあいだにも、メキシコの学生たちはPRI（制度的革命党）が実権を握る政府の国内政策に対する抗議活動を行っていた［★19］。学生たちはオリンピックを自国の窮状を世界に伝える機会だと捉え、抗議を行った。社会問題に悩まされている国がオリンピックを開催すると、反対者たちはその機会を世界からの注目を集める手段に活用しようとするのである。

政治的思惑に汚されていく祭典

しかし別の問題も持ち上がっていた。南アフリカやローデシアに対するIOCのどっちつかずの態度に加え、1968年4月4日のマーティン・ルーサー・キング暗殺などによりアメリカの黒人選手たちがメキシコシティ大会をボイコットする寸前の事態となったのだ。200メートル走を19・83秒という世界記録で優勝したアメリカの黒人選手トミー・スミスと3位に入賞したジョン・カーロスは、黒の手袋をはめて表彰台に上り、アメリカの国歌が流れるあいだ拳を高く掲げる「ブラックパワー・サリュート」で黒人差別に対する抗議パフォーマンスを行った。スミスとカーロスは、その後すぐに帰国させられた[★20]。

1972年夏季ミュンヘン大会は、また別の政治的理由によって不名誉な歴史が刻まれている。9月5日午前4時すぎ、パレスチナの武装組織が選手村のフェンスを乗り越えイスラエル選手団の宿舎に侵入した[★21]。テロリストたちはイスラエルの選手らを人質に取り、イスラエルの監獄にいるパレスチナ人234名の解放を要求した。この襲撃と続く交渉の果てに、テロリストのうち5名とドイツ人の警官1名だけでなく、イスラエルの選手ら11名も命を落とした。このミュンヘン大会は、メキシコシティ大会と同様、開催都市のイメージが向上するどころか、汚される可能性があることをまざまざと示す例となっている。この頃よりオリンピックというブランドは陰りを見せ始めた。

ＩＯＣに対する世間の目は１９７２年11月以降さらに厳しいものとなった。１９７０年にアムステルダムで開かれた総会で、ＩＯＣは１９７６年冬季オリンピックの開催都市をデンバーに決定した。しかしながら、開催コストの高騰と環境への悪影響を懸念して開催に反対する草の根運動が起きた結果、住民の60％が１９７６年大会に対する税金の使用に反対票を投じた。これによりデンバーは開催都市の辞退を余儀なくされた。

１９７６年の夏季モントリオール大会でもオリンピックのブランドは再び傷ついた。人種差別政策を行う南アフリカにラグビーチームを遠征させたニュージーランドに対し、ＩＯＣがオリンピックの参加を禁止しなかったことに抗議し、アフリカ諸国がボイコットを行ったのである。さらに１９７０年に中華人民共和国と国交を樹立していたカナダ政府は、中国と対立していた台湾チームへの入国ビザの発行を拒否した。

モントリオールはモスクワとロサンゼルスとの競合の末、１９７０年5月におよそ1億２０００万カナダドルの推定予算で開催権を勝ち取っていた。今回も例に漏れず、拙《つたな》いマネジメント、労働問題、スタジアムや空港の設計問題によって工事は大幅に遅れ、ケベック州政府が代わってオリンピックへ向けたプロジェクトの指揮を執った［★22］。モントリオール市長ジャン・ドラポーは「男が子供を産めないのと同じように、オリンピックも赤字を産みはしない」と悪名高い宣言をしたにもかかわらず、最終的に16億カナダドルの損失が残り、モントリオールがこの負債を清算するまでに30年を要した。［★23］

モントリオール大会にはもうひとつ特筆すべき点があった——水泳や陸上競技における東ドイツ選手の躍進だ。コルネリア・エンダーは100メートルと200メートル自由形、そして100メートルバタフライでオリンピック記録を打ち立て、その後メドレーでも優勝し4つの金メダルを獲得した［★24］。陸上競技では、東ドイツ女子が9つの競技で優勝し、五種競技では1位から3位までを独占した。東ドイツは筋肉増強剤アナボリックステロイドの使用を否定したものの、疑惑は晴れなかった。1961年に医事委員会を設置し、72年から特定薬物の使用を禁止し始めていたIOCは、選手のパフォーマンスを人為的に高める薬物に対する制限を積極的に設けていくようになった。そしてIOCが主導し資金も提供して、1999年に世界アンチ・ドーピング機関（WADA）が設立されることとなる。

1980年夏季大会を招致するにあたり、ソ連は商売の才覚を見せつけた。

1970年から、モスクワはIOCと関係を持ち始めていた。1973年には、32名のIOC委員をモスクワに招待してワインと食事を振る舞っている。その翌年にはIOC委員全80名がモスクワでVIP扱いとなり、1974年10月にIOCは1980年大会の開催都市としてモスクワを指名した。冷戦状態はいまだに続いており、モスクワ大会を懸念する声も上がってはいたものの、すべてが比較的スムーズに進んでいた。そんな1979年12月に、ソ連によるアフガニスタン侵攻が始まった。3週間後、アメリカ大統領ジミー・カーターはソ連がアフガニスタンから撤退しなければアメリカはモスクワ・オリンピックをボイコットすると最後通告を突きつけた。しかし、その後ソ連は約10年にわたりアフガニスタンから撤退することはなく、最初にアメリカ議会が、次にアメリカ・オリンピック委員会が政府からの資金援助が無くなることを恐れ、ボイコットというカーターの要求を支持した[★25]。カーターは続いてイギリスの首相マーガレット・サッチャーにもボイコットを呼び掛けた。サッチャーはこれに同意し、庶民院にボイコットの支持を求め、議会で承認された。しかしイギリスの国内オリンピック委員会は、政治的独立性の伝統に従って、18対5の賛成多数でモスクワに選手を送る決定を下した。それからの数カ月間、あらゆる国でモスクワ大会に参加するか否かの議論が行われた。西ドイツはボイコットを選択し、残りのヨーロッパ諸国は参加を決めた。日本と中国もボイコットに加わり、不参加となった。最終的に、62カ国が不参加となり、81カ国が参加した。

このように、メキシコシティでの政治問題、ミュンヘンでのテロリストの恐ろしい行為、モントリオールでの経済的大損失、そしてモスクワでの大規模なボイコットを経て［★26］、オリンピックというブランドは著しく損なわれた。1984年夏季大会の開催都市に名乗りを上げたのはロサンゼルスのみであり、しかも予算は市からではなく民間のグループから出たものだった［★27］。IOCの会長キラニン卿は初めのうち、オリンピック憲章に従って、費用は市が捻出し全体の財政責任を担うべきだと主張した。だが、ロサンゼルス市長トーマス・ブラッドリーは市が費用を負担する気はないと返答した。さらに、改定されたばかりのロサンゼルス市憲章では、オリンピックへの税金の使用が禁止されていた［★28］。IOC理事会は当時の規則四を緩和し、赤字の場合もロサンゼルス市に負担させることを避けた。

改定されたロサンゼルス市憲章では税金の使用が禁止されたにもかかわらず、

ロサンゼルス市は大会開催が決まると０・５％のホテル税を徴収する決定を下し、さらにオリンピックのチケットに対する市税を設けたことは記しておくべきだろう。そうして集められた約１９３０万ドルは大会運営やセキュリティの強化に使われた。総額のうち１５００万ドルは大会のセキュリティ予算としてロサンゼルス市警察に回された［★29］。スポーツ施設建設の財源確保にあたって、ホテルやレンタカー代に税金をかければ地元住民の助けになるのではないかという考えが多くの都市に広がっていた。しかしこれはあまり理にかなった考えではない。「旅行者税」が高くなると、出張者や観光客の足が鈍る可能性がある［★30］。そしてもし観光客が減ると、需要が減って地元経済の打撃となる。観光客が減らなかった場合も（観光客は訪問する都市の些細な料金変更などほとんど気にしないとしても）、オリンピック開催の如何にかかわらず税は課され、公共サービスの向上や将来の減税に向けた財源確保に回される。いずれにしても、地元の住民たちが割を食う。

最終的には、損失を最小限に抑えるためのロサンゼルスとＩＯＣ間の事前の取り決めは不必要なものであったことが証明された。ロサンゼルス大会の商業的成功には４つの要因がある。

①テレビ放映権料がモスクワ大会から2億ドル近く値上がりしたこと（従ってロスの取り分が増えたこと）。

②大会委員長ピーター・ユベロスが果敢に革新的なマーケティング戦略を推し進め、スポンサー企業を厳選することで1億3000ドルもの協賛金を集めたこと［★31］。

③ほとんどのスポーツ施設、交通機関、そして通信手段がすでに整っていたこと。

④大会に向けて建設されたごく少数の新しい小規模な施設は民間からの出資でまかなったこと。その結果、ドーピング疑惑を抱えた東ドイツとともにソ連と東欧諸国が大会をボイコットしたことも大きな痛手にはならなかった。

商業主義の台頭とアマチュアリズムの終焉

ロサンゼルス大会は大きな転換点となった。16年におよぶ冬の時代を経て、ロス大会の商業的成功（2億1500万ドルの黒字［★32］）がIOCの運命を好転させたのだ。テレビ放映料の高騰、新たな企業協賛戦略、そしてIOC会長のファン・アントニオ・サマランチがプロ選手の参加へと舵を切ったことがすべてよい方向に働いた。ロサンゼルス大会はすべてが上手くいったように見えるが、ピーター・ユベロスはいまだに運が悪ければ赤字になる可能性もあったと考えているようだ。彼は言う。「私たちは幸運だった。何も起きなかったのだから。大きなセキュリティ上の問題も、労働者たちのストライキも、交通機関の故障も、自然災害も起きなかった」［★33］

表2－2はテレビ放映料高騰の推移を示している。最も上昇率が高かったのはモスクワ大会からロサンゼルス大会にかけて

表2-2　1960年から2012年までのオリンピックテレビ放映料高騰の推移

オリンピック夏季大会	放映収益（100万USドル）	オリンピック冬季大会	放映収益（100万USドル）
1960 ローマ	1.2	1960 スコーバレー	0.05
1964 東京	1.6	1964 インスブルック	0.94
1968 メキシコシティ	9.8	1968 グルノーブル	2.6
1972 ミュンヘン	17.8	1972 札幌	8.5
1976 モントリオール	34.9	1976 インスブルック	11.6
1980 モスクワ	88.0	1980 レークプラシッド	20.7
1984 ロサンゼルス	286.9	1984 サラエボ	102.7
1988 ソウル	402.6	1988 カルガリー	324.9
1992 バルセロナ	636.1	1992 アルベールビル	291.9
1996 アトランタ	898.3	1994 リレハンメル	352.9
2000 シドニー	1,330.0	1998 長野	513.5
2004 アテネ	1,490.0	2002 ソルトレイクシティ	738.0
2008 北京	1,740.0	2006 トリノ	831.0
2012 ロンドン	2,600.0	2010 バンクーバー	1,280.0

出典：IOC, Olympic Marketing File, 2014, p.26. The figures apply to the total worldwide network commitment of rights fees, both the cash and the technical service components. In recent years the technical service component has been largely defrayed by the host city and the equipment has been paid for by the network and not included in the rights fee payments. The figures also do not distinguish the timing of the payments, parts of which can vary by months or by years.

だ（冬季大会はレークプラシッド大会からサラエボ大会にかけて［★34］）。その期間にはオリンピックを放送する国も飛躍的に増えた。モスクワ大会は１１１カ国、１９８０年のレークプラシッド大会は40カ国だったのが、ロサンゼルス大会では１５６カ国、１９８４年のサラエボ大会では１００カ国になった。２０１０年冬季大会と２０１２年夏季大会は２２０カ国で放送された。

時を同じくして大きく変化したのが、アマチュアリズムからの脱却だった。これまでの会長たちとは違い、新しくＩＯＣの会長となったファン・アントニオ・サマランチ（任期１９８０年から２００１年）は、オリンピックの商業的ポテンシャルを最大限に活かす道を模索した［★35］。プロ選手の参加が大会に利するのであれば、彼はそれを推し進めた。オリンピックは世界で最も優秀かつ最も有名な選手たちのショーケースであるべきだとサマランチは信じていた。当然ながらオリンピックの協賛テレビ局もまったく同じように考えており、こうした見解の一致によってロサンゼルス大会の放映料が高騰した面もある。共産主義の国々が、アマチュア競技者の身分のまま国が全面的に支援してオリンピック選手を輩出していたことも、プロ選手の容認へ踏み切る要因だった。

１９８４年にＩＯＣは各国際競技連盟へそれぞれの競技に一定の制限つきで

プロの参加資格を設ける許可を出す決議を下した。そして１９８７年にオリンピックへのプロテニス選手の参加を認め、１９８９年にはすべてのプロ選手の参加を認めた。

さらにＩＯＣが１９９１年にプロ選手に関する制限を完全に解除したことで、１９９２年バルセロナ大会にアメリカの「ドリームチーム」が参加することとなった［★36］。「ドリームチーム」にはマイケル・ジョーダン、マジック・ジョンソン、ラリー・バード、デビッド・ロビンソン、パトリック・ユーイングらが名を連ね、大方の予想通り、バスケットの金メダルを獲得した。

天狗になるサラマンチ

商業化への最後のステップが踏み出されたのは１９９２年、ＩＯＣが冬季と夏季のオリンピックを別々の年に開催する決定を下した時だ。これにより1年に2度の大きな大会で企業の宣伝費を逼迫することが回避でき、各大会の広告収入が最大化できるのだった［★37］。こうして１９９４年の冬季オリンピック・リレハンメル大会以降、２年おきにオリンピックが行われるようになった。オリンピックは再び息を吹き返し、世界中の都市が招致を目指すようになっていった。ロサンゼルス大会の立候補数は1都市（1978年5月に開催都市決定）、ソウル大会は2都市（1981年9月に決定）、バルセロナ大会は6都市（1986年10月に決定）、アトランタ大会は6都市（1990年9月に決定）、シドニー大会では8都市（1993年9月に決定）、そしてアテネ大会では11都市になった（1997年9月に決定）。［★38］

こうして、すべてがIOCの追い風となった――上手くいきすぎたほどだ。あらゆるメディアや企業が資金を提供し、立候補の手を上げる都市が後を絶たなかった。そしてIOCの会長ファン・アントニオ・サマランチは、こうした需要の高まりから生じる恩恵を一身に受けていた。バルセロナ出身の裕福な工場オーナーの息子であり、長年にわたるフランコ政権支持者のサマランチは、会長に就いた1980年からIOCに新たな色をもたらし始めた。周囲に自分を「閣下（His Excellency）」と呼ばせ、一国の主のように扱うことを求めた。サマランチが会長になる前は、IOCの委員たちは立候補都市に自費で訪問しなければならなかった。その後数年のうちに、彼らは1名ではなく2名分の往復ファーストクラスチケットに加え、すべての経費と豊富な接待費を手にした。サマランチ自身は行く先々でリムジンサービスを利用し、最高級のホテルの一番高い部屋に滞在した。ローザンヌでは、彼が使用するためパレスホテル最上階の巨大な一室を年50万ドルでIOCに借りさせていた。IOCの委員たちもサマランチに倣《なら》うようになり、支出は飛躍的に増えていった。[★39]

こうした支出やIOCの招致プロセスの乱れを指摘する声は時おり上がっていたが、批判が噴出したのは1998年11月24日のことだった[★40]。ソルトレイク招致委員会がカメルーンのIOC委員の娘に対し、大学の奨学金を提供する旨の1996年の文書をソルトレイクの放送局KTVXが報じたのだ。当時、IOCの規定で招致委員会からの贈呈品は許容されていたものの、150ドル以下のものに限られていた。その後の証言や証拠文書の存在によって、この制限を遥かに超える贈呈が行われていたことが判明した。ソルトレイクが1998年冬季オリンピックの招致に敗れた1991年以降、同市からIOC委員やその親類たちはおよそ40万ドルの資金援助や奨学金を受け取っていたのである。さらにIOC委員や親類たちは高価な贈呈品、接待、送迎サービス、医療、雇用、買い物、休暇旅行、そして豪華な滞在先など様々な恩恵を受けていたことが暴かれた。[★41]

ソルトレイクのスキャンダルが報じられると、記者たちは1998年冬季オリンピックの開催都市である長野の招致委員会にも金銭記録の開示を迫った。そしてジャーナリストたちは、長野招致委員会が90冊におよぶ帳簿の焼却を指示したことを聞かされる［★42］。招致委員会の事務局次長、山口純一は「機密情報」を含んでいたため帳簿を処分したと説明した。この長野招致をめぐる不穏な舞台裏の工作については様々な説が流れている。長野大会組織委員会のロビイストを務め、36万3000ドルの報酬を受け取り、長野での開催が決定した際はボーナスを受け取ることになっていたサマランチに近しいアドバイザーのアルトゥール・タカクスの息子の関与を疑う者もいた。ある日本の企業団体は、長野での開催が決定した暁にはローザンヌのオリンピック・ミュージアムの建設に2000万ドルを寄付する約束をしていた。長野は招致に成功した。ソルトレイクは招致に敗れたが、教訓を得た。［★43］

時を同じくして、1999年1月22日に、オーストラリア・オリンピック委員会会長であり、シドニーの2000年夏季大会招致に携わったジョン・コーツは数々の文書を報道陣に公開した。そこで判明したのは、シドニーが選出される前日に、オーストラリアの招致委員会がウガンダとケニアのIOC委員の

子どもたちに対し、5万ドルの奨学金を提示していたことだった。シドニーは2票差で開催権を勝ち取っている。［★44］

利益の不平等分配

ＩＯＣと各国オリンピック招致委員会のあいだで金銭授受をめぐる騒動が演じられる一方、オリンピックの精神を推し進める運動「オリンピック・ムーブメント」内でも別の金銭をめぐる騒動が起こっていた。急速に増大していたテレビ放映料は各国の国内オリンピック委員会で均等に分配されている訳ではなかった。アメリカにおける放映料は他国に比べて遥かに高いものであったため、アメリカ・オリンピック委員会は他国の国内オリンピック委員会に比べて高い比率で収入を受け取る権利があると主張していた。しばらくはＩＯＣもこれに同意しているようだった［★45］。１９８６年から１９９８年にかけて、アメリカの放映料はオリンピックのテレビ収入全体の83％を占めていた。アメリカが占める割合は２００１年から２００４年で60％に、そして２００５年から２００８年では53％に下がった。それにもかかわらず、１９８５年から２０１２年のあいだ、アメリカはＩＯＣが各国の国内オリンピック委員会に分配したテレ

ビ収入総額のうち12・75％を受け取っていた（そしてＩＯＣが分配したスポンサー料の20％を受け取っていた）。［★46］

各国の国内オリンピック委員会は、この不平等な分配はオリンピックの精神を侵害するものであり、すでにアメリカには運動競技を支える大きな力が備わっていることを踏まえると不適切なものだと感じるようになっていった。さらに、例えばアメリカの協賛企業でありテレビ広告主であるコカコーラのような企業は、収入の多くをアメリカ国外から得ていることも指摘した。

２００５年にＩＯＣが野球とソフトボールを競技から外し、２０１２年夏季大会をニューヨークではなくロンドンに選んだとき、この選択はオリンピック・ムーブメントにおけるアメリカ・オリンピック委員会の経済的優位に対する返答だと多くの人間が感じた。２０１６年のオリンピックにシカゴではなくリオデジャネイロが選ばれた際にも同様のことが言われた。２０１２年、アメリカ・オリンピック委員会とＩＯＣは交渉で新たな合意に至り、２０２０年から、アメリカ・オリンピック委員会のテレビ放映料の分配は７％に、協賛スポンサー料の分配は10％に引き下げられることになった。４年ごとの最低価格保証は４億１０００万ドルとなっている（物価上昇分も調整）。［★47］

BRICS《ブリックス》の参入

1968年のメキシコシティ大会、そして1980年のモスクワ大会という例外はあるものの、2008年に北京で開催されるまで、冬季および夏季オリンピックは常に西洋、北米、日本、あるいは韓国で開催されてきた。「BRICS」は近年急速に成長を遂げてきたブラジル、ロシア、インド、中国、南アフリカという五大国の頭文字をつなげた言葉だ。2008年以降、BRICSの各国はオリンピックか、ワールドカップか、コモンウェルスゲームズ（英連邦競技大会）のいずれかを開催している。この5カ国がこれら巨大イベントを、自国が近代経済国家となり、世界の貿易や政治に存在感を示す準備が整っていることを知らしめる機会だと捉えているのは明らかである。

経済の発展途上にある国が巨大イベントを開催する際の問題点のひとつが、交通機関、通信手段、宿泊施設、娯楽施設、スポーツ施設の不足である。そのため、巨大イベントを適切に運営するための投資は必然的に膨大なものとなる。北京は2008年夏季大会への準備に400億ドル以上を費やした。ソチも2014年冬季オリンピックにあたって500億ドル以上を使った［★48］。

そして2016年夏季オリンピックを開催するリオデジャネイロは200億

ドル近くを費やす見込みとなっている［★49］。インフラ整備、競技場建設、そして運営費の高騰に加えて、巨大イベントを主催するすべての都市は、10億ドルとも20億ドルとも言われる天文学的な額のセキュリティ費用の問題にも直面している。

投資がこれほどの規模になると、巨大イベントを開催して短期的な利益の見返りは期待できない。こうした投資に正当性を持たせるには長期的な効果を考慮する他ない――ＩＯＣが宣伝で使う言葉を借りれば「遺産《レガシー》」の効果に期待するしかないのである。ＢＲＩＣＳの現状は、事態を深刻にするものでしかない。発起人たちは民衆に対する責任を負う必要はなく、計画は不充分で短絡的なものとなり、賄賂や腐敗がはびこっている。

近年オリンピックをめぐる状況には陰りが見え始めており、ＩＯＣの現会長トーマス・バッハは事態の見直しを迫られている。２０２２年冬季大会には立候補を断念した都市が相次ぎ、最終的に二都市しか残らなかった。さらに長い期間で見てみると、表２－３（次頁）で示したように、過去五大会で立候補都市は減少傾向にある。

バッハはオリンピックが法外な高値となって買い手がつかなくなり、１９８

0年代前半のような状態になるのを避けようとしている。そのため2013年9月10日の就任以降数カ月をかけて世界各地を回り、招致への関心を引こうと試みた。ソチ大会に先駆けたIOCの総会で、バッハは開催地決定のプロセス見直しを宣言し、2014年12月にIOCはいくつかの新しい提言を含んだ改革案「アジェンダ2020」を採択した。アジェンダ2020やその他の改革については第七章とまとめで触れる。

オリンピックの財政状況

表2－4は過去2大会の冬季および夏季オリンピックの収入内訳だ。

表 2-3　オリンピック開催地に立候補する都市数の減少

入札年	開催年	開催地	立候補都市数	候補都市数
夏季大会				
1997	2004	アテネ	12	5
2001	2008	北京	10	5
2005	2012	ロンドン	9	5
2009	2016	リオデジャネイロ	7	4
2013	2020	東京	5	3
冬季大会				
1995	2002	ソルトレイクシティ	9	4
1999	2006	トリノ	6	2
2003	2010	バンクーバー	7	3
2007	2014	ソチ	7	3
2011	2018	ピョンチャン	3	3

出典：Arne Feddersen and Wolfgang Maennig, “Determinants of Successful Bidding for Mega Events :The Case of the Olympic Winter Games,” in International Handbook of the Economics of Mega Sporting Events, ed. Wolfgang Maennig and Andrew S. Zimbalist (Cheltenham, U.K.:Edward Elgar,2012), p.72.

テレビの収入が一番大きく、バンクーバー大会とロンドン大会間の収入の47・8％を占めている。38億5000万ドルの放映権料のうち、56％はアメリカの放映権料だ。

バンクーバー大会とロンドン大会を合わせた収入がわずか80億ドルであることは指摘しておこう。52億ドルがロンドン大会、28億ドルがバンクーバー大会の収入だ。夏季北京大会は約36億ドルだった。この36億ドルの収入は中国の投資と運営費400億ドル超の10％にも満たない。IOCが大会組織委員会と収入の大部分を分け合っていないことが、こうした厳しい状況をさらに加速させている。近年の例では、テレビ収入の30％以下しか大会組織委員会に渡していない。［★50］

新しい方針では、全世界の放映権料を開催都市とパーセンテージではなく定額で分け合うことになっ

表 2-4　過去 2 大会の冬季および夏季オリンピックの収入内訳

内訳	2005 年 -2008 年（100 万 US ドル）	2009 年 -2012 年（100 万 US ドル）
テレビ放映権料	2,750	3,850
国際スポンサー料	866	950
国内スポンサー料	1,555	1,838
チケット売上	274	1,238
ライセンス料	185	170
総計	5,450	8,046

出典：IOC, Olympic Marketing Fact File, 2014, p.6.

ている。放映権料が飛躍的に増大するなか、ＩＯＣは開催都市へ基本的に定額で支払いを行う。現在、大会の総収入に対する開催都市の取り分はかつてないほど低下している。ＩＯＣは２０１２年ロンドン大会で25億６９００万ドルの放映権収入を得た。そのうちロンドンのオリンピック組織員会に分け与えられたのは7億１３００万ドル、つまり27・８％だった。２０１４年7月、ＩＯＣ会長のトーマス・バッハはＩＯＣが「スポーツ界、経済界、そして社会にとって大きな遺産《レガシー》となる２０１６年大会に対し、15億ドルを支出する」［★51］と宣言した。２０１６年のリオデジャネイロ大会は50億ドルを超す収入となる見込みにもかかわらずである。このようにバッハは倹約的な方針から寛大な方針へと転換を試みている。［★52］

もちろん、開催都市の地元経済も観光客の滞在費や食費で潤うが、それらの総額はほぼ確実に5億ドルよりも低いはずだ。さらに言えば、こうした金額のすべて、あるいは大半は地元経済にとっての純粋な増加分という訳ではない。なぜなら大会への観光客が普段の観光客に取って代わるのであって、しかも彼らの使う金は地元経済から離れていってしまうことも多い。このことについては次の章で触れる。

第三章
短期的な経済効果

彼らの主張は耳に心地よい。オリンピックの開催者たち、そして彼らに雇われたコンサルタントは、大会の開催が蒸気機関の発明に次ぐ経済発展の最善の方策のひとつだと信じさせようとしてくる。インタービスタス・コンサルティングによれば、2010年のバンクーバーオリンピックは国内総生産を107億ドル上昇させ、24万4000の雇用機会を作り出した。コンサルティング会社グラントソントンは、2012年のロンドンオリンピックが少なくとも170億ドルと3万1000の新しい仕事を生み出したと報告している。

前提が違えば結果も変わる

予想を立てる——事前分析

先に記したような分析は基本的に巨大イベントのプロモーション用のものであり、コストや収入の予想を立てる際と同様の方法を適用している[★1]。当該イベントがどのような経済効果を生んだかを調査し先例と比較するのではなく、こうした分析は大会によって生み出される消費や観光客の数を予想し(事前分析)、それから産業連関モデルを用いて開催国の経済を分析するものである

［★2］（言い換えれば、大会後の具体的な数値を計測するものではない）。産業連関モデルは、ある産業が成長すれば関連する別の産業にも影響を与えるはずで、そのことがさらに別の関連する産業にも影響を与える、という見立てのもとに経済を分析する方法だ。例えば、観光客が滞在先のレストランで100ドルの料理を注文したとする。料理を提供するために、そのレストランは地元の野菜や、魚や、パンだけでなく、テーブルや、イスや、皿などを購入する必要がある。つまり料理に金を支払うことはレストラン業界を支えるだけでなく、他の業界を支えることにもなる。関連業界のオーナーや従業員たちは副収入を得るとも言えるが、彼らはその一部をさらにまた別の業界のサービスや製品の購入にあてるのだ。

こうした分析に産業連関モデルを適用する目的は「逆行列係数」を算出するためである。逆行列係数とは、例えば観光客がレストランで100ドルを出費した際に、その100ドルが経済内を循環することで、関連業種の生産がどれだけ発生するか、つまりどれほどの生産波及があるかを示す係数だ。こうしたプロモーション用に使われる分析では、逆行列係数は1・7から3・5になることが多い。料理に100ドルを支払うとき、全体で170ドルから350ドルの生産が生み出されるということだ。

この計算法には多くの問題がある。最初の問題は、産業間の関係という時間とともに変化するものに基づいて分析が行われるにもかかわらず、産業連関モデルは産出量を常に一定の係数として考えている点、そして各産業の分類がかなり大雑把である点だ。

例えば、レストランにはテーブルが必要だと言っても、仮に巨大スポーツイベントの最中にレストランの売上が10％伸びた場合、イスも10％追加で購入する訳ではない。売上増は現状の席数をフル回転させた結果であるとか、客数は同じでも単価を10％上げた結果であることが多い。さらに、もし単価を10％上げた場合、ドルや地元の通貨で計算される産業間の関係（係数）は変化する（減少する）。つまり、産業連関モデルは経済活動の長期的評価に用いるものであること、そして係数を固定して推計するものであること、この二点において地元経済の実態を不正確に映し出してしまう可能性があるのだ［★3］。加えて産業連関モデルは、ブルーデニム、テニスボール、チーズエンチラーダといった個別の製品レベルではなく、繊維業、スポーツ産業、食産業といった非常に大雑把な分類で分析を行う点も問題である。このモデルではアメリカ経済には基本的に144の産業しかないことになっているが、実際の経済には無数の製品がある。括りがかなり大きいために、特定の商品の需要が増えた場合の効果を測定する精度が落ちてしまうのである。

逆行列係数で生産波及を考える際に重要な要素のひとつが、経済の大部分が貿易にかなり依存しているという事実だ。バンクーバーのレストランはアイダホからポテトを、フランスから食器を、スウェーデンからテーブルを購入しているかもしれない。バンクーバーのレストランやホテルが提供物を自国以外から購入しているとすれば、観光客の消費がバンクーバー経済に与える影響は少なくなってしまう。[★4]

アメリカ経済全体の逆行列係数はおよそ1・3とされている。アメリカ経済は他国の経済に比べて閉じている（貿易への依存度が低い）ため、他国の経済全体の係数はアメリカに比べて低いものになる。そして巨大イベントの一都市への経済的影響を考える際は、係数がさらに低くなる。短期間で大規模な建設を行う必要があるため、都市は普段より多くの労働力や資材や商品を（都市の外部から）まかなわざるを得ないからだ。そのため、産業連関モデルから算出された逆行列係数が1・3を超えるものは疑わしい。市のスポーツ産業の係数は0・7なら1・1で比較的信頼が置ける。[★5]

問題は他にもある。大会がなければ開催地に来たかもしれない数多くの人々（観光客や出張者）が、期間中の混雑や厳しいセキュリティや物価の高騰を避けるため他国に流れたり訪問を見送ったりした可能性があるのだ。こうしたことは実際に起こっている。２００８年夏季オリンピック期間中の北京でも、２０１２年夏季オリンピック期間中のロンドンでも、観光客数は減少した。それはつまり、選手たちや、メディア、運営者、そしてオリンピック目あての観光客の数を足しても、オリンピック期間中の各都市への観光客数全体は減少したということだ。その上、地元の住民たちも外国の人々と同様の考えを抱く可能性がある。巨大イベント開催中は自国や自都市に人が溢れ、商品の値段も高くなるため、期間中は国外でゆっくり休暇を取ろうと考えることがあるのだ。中国が夏季オリンピックを開催した２００８年、中国からの国外旅行者数は12％増加している。［★6］

さらに問題なのは、大会期間中に地元経済が得た利益がその都市や国に留まらない可能性がある点だ。例えば、ある国際ホテルチェーンがロンドンにもホテルを構え、一泊４００ドルだったところを２０１２年のロンドンオリンピック期間中は一泊８００ドルに値上げしたとする。するとホテルは大会期間中、通常時よりも一泊につき400ドル儲けることになる（大会中と大会前の客数が同数だとした場合）。ホテルはフロント係や、客室係や、コンシェルジュを追加で雇う必要はないため、地元の雇用や雇用所得の増加にはつながらない。それどころか、400ドルの追加利益はホテルの本社がある他国のものになる可能性が高い。産業連関モデルで普通に計算するならば、滞在費800ドルに対し誇張された係数（1・7〜3・5）を掛け、ホテル一晩の滞在で1360ドルから2800ドルの生産波及があることになる。しかし実際には、オリンピックの観光客が通常の観光客の代わりに滞在したのだとすれば新たな影響はゼロであるし、通常の観光客に加えてオリンピックの観光客が滞在した場合も、その影響は400ドル×（0・7〜1・1）で、280ドルから440ドルほどだ。いずれにせよ、事前分析はかなり誇張された非現実的な推測値なのである。

事前分析が経済効果を誇張していると言える理由はまだ他にもある。別の目的で開催都市に来ていた人々（例えば通常の観光客や、親戚の家に来た人や、出張者）も、地元の劇場や高級レストランに行く代わりに大会を見に行く可能性がある。そうすると実質的には地元経済に対して出費していないにもかかわらず、彼らは大会の観光客としてカウントされ、地元経済に利益をもたらしたと見なされてしまう。

さらに開催都市へ通常の観光を予定していた個人や家族が、大会に合わせ時期を早めて観光に来る可能性もある。これもまた、結果的には観光客の純増ではなく、ただ時期が早まっただけにすぎない。

そして最後に、プロモーション向けの事前分析は決定的な経済要素を省いている——開催にあたっての財源だ。政府が年利5%、30年の返済予定で100億ドルの借り入れを行った場合、1年あたりの返済額は6億5100万ドルとなる［★7］。この返済を行うために、政府は税金を上げるか行政サービスを縮小せざるを得なくなる。そしてどちらの場合も地元経済にとっての打撃となる。こうした影響は開催による損失の一部として考慮されなければならないはずだ（もちろん、政治的に言えば、政府は返済のためにさらなる借り入れも行えるのだが、それは単に問題を先送りしているにすぎない）。

開催にかかるコストとは？

招致活動

最初に発生するコストであり、やがて開催権を勝ち取る都市だけでなく、すべての立候補都市に発生するコストが招致活動費だ。各都市はＩＯＣに一次選考の申請費、そして最終候補に残ると立候補費を支払う。ＩＯＣの場合、金額は順に15万ドル、50万ドルである。その他にもプランを立て、コンサルタントを雇い、魅力的なパンフレットや映像を作り、ＩＯＣの理事たちをもてなし、ＩＯＣの会合に出席する費用など様々なコストがかかる。２０１６年夏季オリンピックの招致に失敗したシカゴは、招致活動に1億ドル以上を費やしていた。その他の都市や国も同様の金額、あるいはそれ以上を費やしている。同じく２０１６年夏季オリンピックの招致に失敗した東京は招致活動に1億５０００万ドルを費やしたと言われている。

オランダは２０２８年夏季大会の招致を検討していた。オランダ最大の民間放送局ＲＴＬニュースの調査によると、２０１２年の時点で、オランダは開催の実行可能性の調査、仮プランの作成、関係者集め、そして「ＩＯＣ委員たちが投票したくなるよう」な[★8]イベントを開催し、すでに1億５００万ドルを費やしていたという。しかし、予想される費用に関する二つの詳細な調査を受けて、オランダは２０２８年オリンピックの招致から手を引いた。[★9]

開会式と閉会式

もうひとつ、オリンピック開催コストとして見逃されがちな費用が、開会式と閉会式の費用だ。都市や国はこうしたセレモニーを、地元の歴史や文化や美を宣伝する絶好の機会だと考えていることが多い――都市や国の魅力的なイメージを打ち出して、世界中から観光客を引きつけるのが主な狙いだ。それゆえに、かける金額は増えていく。例えば中国は、開会式に3億4300万ドルをかけたと言われている。［★10］

スポーツ施設と、スポーツ以外のインフラ

いわゆるコストとして想像がつくのがスポーツ施設の建設（夏季オリンピックでは30以上の施設が必要）とスポーツ以外のインフラ整備だ。開催地の状況（経済やスポーツ施設のレベル）によって、投資は多いか少ないかが決まる。近年ではおよそ50億ドルから500億ドルのあいだで推移している。そしてもちろん、私たちが実際にかかったコストを知り得ない場合もある。なぜなら、①開催都市や国が隠蔽を行うことがあるためであり、②開催都市や国の委員会が帳簿を処分してしまうことがあるため（1998年の長野や2002年のソルトレイクのように）、そして③何を大

会に向けたインフラ整備と見なし、何を大会とは関係のないインフラ整備と考えるかについての見解に相違があるからである。

ビジネスへの打撃

大会へ向けた大掛かりな工事が地元のビジネスに打撃を与えることも関連コストと言えるだろう。ロンドン、ソチ、アテネを筆頭に各地の小売業者は大会に大きな期待を寄せ、事業拡大に投資するものの、周りの道路が歩行者の規制を設けたり、騒音が大きすぎて客が寄りつかなかったりする。

他の打撃としては、ＩＯＣのブランド保護方針によって、開催都市は開催の1カ月前から大会後1週間まで広告看板に制限を設けなくてはならない。これにより、市はバスや電車や空港での広告収入を失うだけでなく、広告主への補償も行わなければならず、さらには撤退代と新たなプロモーション用の広告設置のコストまでかかる。

セキュリティ

セキュリティに関するコストも増えてきている。２００1年9月11日に発生したアメリカでの同時多発テロ事件以降、セキュリティ費は急速に増加した。2004年のアテネ大会は9・11以降初めての夏季オリンピックだった。アテネは当初セキュリティ費を4億ドルと見積もっていた。しかし欧州ツアーオペレーター協会（ETOA）はアテネの最終的なセキュリティ費は15億ドルかかったと算出している［★11］。近年の大会では10億から20億ドルのセキュリティ費をかけていると言われている。

予算超過

開催都市や開催国が直面している最も興味深く、最も悩ましいジレンマのひとつが予算超過問題である。表3－1に示した通り、予算超過はどこの都市にでも見られ、そのほとんどが大きな額である。これらの数字で特徴的なのは、どの場合でも額が大きいだけでなく、当初予算の4倍から10倍（さらにそれ以上）が使われる結果となっている点だ。

2012年にオックスフォード大学のサイードビジネススクールが行った分析によると、運営費と会場建設費を考えた場合（インフラ整備費は除く）、1960年以降で信頼できる記録が残っているオリンピックはすべて予算超過となってい

る。分析によると、1976年以降の夏季オリンピックでは、平均して252％の予算超過が出ている。［★12］

どうしてこれほどの規模の予算超過が頻繁に繰り返されるのだろうか？

①特定の人々の作為が働くことが大きな理由のひとつだ。招致を後押ししているのは経済的な利益を得る人々、例えば建設会社やその労働組合、保険会社、住宅会社、建築会社、融資を集める投資銀行家、そして弁護士たちや地元のメディア企業、ホテル、レストラン業などだ。政府の関係各所を招致活動の支援に乗り出すよう説得できるかどうかが彼らの利益に関わってくる。もし現実的なコストの見積もりが出されると、政府からのゴーサインが出る可能性は著しく低くなってしまう。最低限のプランであえて安価に見積もり、いったん承認されてから、あれこれ付け加えるのが明

表 3-1　予算超過

開催都市	開催年	当初予算（10 億 US ドル）	実際の経費（10 億 US ドル）
アテネ	2004	1.6	16
ロンドン	2012	4	15-20
ソチ	2014	12	51-70

出典：International Handbook of the Economics of Mega Sporting Events, ed. Wolfgang Maennig and Andrew S. Zimbalist (Cheltenham, U.K.:Edward Elgar,2012).

確な戦略となっている。

②開催を目指す都市は11年（あるいはそれ以上）にわたって、最初は国内の他都市と競合し、その後世界中の都市と競合していかなければならない点も重要だ。その期間中には、他の都市のプランや、膨大な予算や、環境の快適さや、セキュリティの質に張り合わなければならないという強いプレッシャーがかかる。11年にもわたる競争の過程でＩＯＣからの直接的な要求も満たしていかねばならず、結果的にかなり手の込んだ金のかかるプランになっていく。

③プラン作成から実際の大会までに大きなタイムラグがあるため、そのあいだに物価が高くなる可能性がある。特に、多くの建設がわずかなエリアに集中する場合、建築資材や技術者や肉体労働の需要が高まるためにすべてのコストが高くなる。

④建設スケジュールの遅れが避けられないこと。政治的障害や、環境的難題や、不充分な計画や、ずさんな段取りや、悪天候や、労働争議などがあるからだ。スケジュールが遅れることで、工事は急がざるを得なくなってくる。こうなると入札のルールが緩くなり工費が高くなるばかりか、急ぎのため割増料金が必要になってもくる（急ぐことで質が低下し、その後の維持費が高くなってしまうことも多い）。

⑤建設費が高騰するに伴い、不動産の価格も大会に向けて上昇する。さらに、海外からの裕福な観光客を見込んで、地元の物価も大きく上昇することが多い。

その他のコスト

大会の運営費にも様々ある。ＰＲや広告キャンペーン費、ＩＯＣの幹部たち用の豪華な食事や宿泊施設代、選手や幹部たちの送迎費、選手たちの食費や滞在費の部分負担、スポーツ施設や練習場の維持費、そして運営、公衆衛生、公共施設、交通整理、チケット販売、税金の免除、案内係などの費用もまかなわなければならない。

間接的な費用も発生する。ＩＯＣは開催都市に対してすべての広告看板をオリンピックのスポンサー用に空けるよう要求している。さらに、すべての選手たち、スポンサー、そしてＩＯＣ職員たちに対するあらゆる税金を免除するよう求めている。私有地がオリンピックの会場として使われるとなると、都市は本来あるべき税収を失うことになる。大会中に通常の経済活動が縮小してしまう恐れがあるのだ。

次に、賄賂や買収のコストがある。発注の権限を持つ政府の高官たちは建設会社からの莫大な報奨金を受け取る場合がある。この種の話は数多くあり、詳しくは後に触れる。

大会の準備や実行に向けて投じる技術者や、プランナーや、政治家たちなどの人的資本はある意味で機会費用というコストとも言える。彼らの技術や時間は、より生産的な別の活動にあてることができたかもしれないのだ。

最後に人的損失。これは大いに搾取された移民労働者、人権侵害、工事に伴う死亡事故、環境汚染、欠陥建築、立ち退きやコミュニティの破壊などの形で現れる[★13]。こうした問題の事例は第五章と六章で検討する。

全体で、オリンピック開催にあたっての直接的な財政コストは通常3つのカテゴリーに分けられる。

①運営予算（17日間の大会運営コストと一時施設の設営費）

②建設予算（恒常的なスポーツ施設の建設費と、選手村や放送およびプレスセンターの建設費）

③そしてインフラ整備予算（道路、駐車場、橋、修景、鉄道、そして大会に関連するその他の施設の整備費）だ。オリンピックが予算内もしくは黒字で終了したと公に報じられる場合、必ずと言っていいほどそれは運営費のみを指している。しばしば運営予算は回収可能だと報じられるが、そこには建築費やインフラ整備費が含まれ

ていないばかりか、通常開催都市の政府が支給するかなりの額の補助金や各種の間接コストも含まれていない。［★14］

開催することの利点

オリンピックやワールドカップ開催にあたり、大抵いくつかの短期的利益が宣伝される。そこで宣伝される利益について検証してみると、その大部分が現実には効果をなさないことが分かる。

政治的停滞の打開

巨大イベントを後押しする人々がいつもする賢明な主張として、世界に晒されるという危機感や厳密な締切というプレッシャーがない限り、地元の政治システムは必要なインフラ整備に金を割こうとしない、というものがある。

例えば2004年に、ニューヨークが2012年夏季オリンピックの開催地に名乗りを上げたとき、招致による大きな利益として、ウエストサイドにあるジェイコブ・ジャヴィッツ・コンベンション・センターがついに拡大し近代化できるという点がしばしば挙げられた。長年オールバニにある州議会に幾度となく助成金の申請が行われていたものの、共和党も民主党も首を縦に振らなかった。拒否するのも一定の理由があったのだろうが、そもそもジャヴィッツ・センター拡張に対する投資計画が不充分であった点も考慮すべきだ。

一般的に、政治システムが上手くいっていないのであれば、巨大イベントの準備や実行を任せられるかどうかも疑わしい。結局のところ、政府は巨大イベントによるプレッシャーがなくても効果的なプランを立てて政策を実行する術を学ばなければならないのだ。

不動産価格・地価の上昇

不動産価格・地価の上昇は巨大イベント開催の利益としてよく採り上げられる。不動産価格・地価はインフラ整備や施設建設が行われているあいだに実際に上昇する。こうした上昇は地主、不動産業者、投資家などにとって利益となるのは疑いがないが、低所得の家庭は立ち退かされたり上昇した家賃をまかなえずに苦労したりする。彼らはしばしば離れた場所への転居を強いられ、通勤や子どもたちの通学が不便になるだけでなく、新しいコミュニティへの社会的・感情的適応も必要になってくる。

高揚効果

世界中から注目を集めることで熱狂が生まれ、数週間にわたる名声や栄光によって高揚感が生まれる。開催都市での調査によると、いくつかの例外を除き、地元住民たちの気分や精神は高揚することが分かっている。開催都市のオリンピック委員会は大会に向け地元住民による多数のボランティアを募り、そのことが地域の一体感や協力関係を生み出す。しかし、その効果は一時的なものだ。世界からの関心がなくなると、地元の生活や精神は通常に戻る。［★15］

建設

巨大イベントプロモーション向けの分析では、大会に向けた建設期間中の雇用や生産の増加を計算に含めることが多い。しかしそうした分析は大抵2つの決定的に重要な要素を考慮していない。建設に向けて借り入れを行った負債の将来的な影響と、建設期間中のマクロ経済（と労働市場）の状況だ。

税金の使用が最小限だったロサンゼルス大会を除き、建設には公的機関による大きな金銭的支援がある。こうした資金は次の3つのいずれかの方法で捻出されている。

①他の公共サービスの縮小。②増税。③政府借入金だ。最初の2つの方法は収入、生産、そして雇用減につながるため、大会に関連する建設で得る利益を相殺してしまうことがある。3つ目の方法は（政府の支出が民間の投資を抑制する「押しのけ効果」がなければ）生産に短期的な好影響を与えるが、将来的に返済を行っていかねばならず、この返済は（他の条件は同じだとして）将来の公共サービスの縮小か増税、あるいはその両方を招く。

高まる建設費に費やす税金を補填する必要がなければ、すべての雇用をまかなうのは簡単なことだ。都市は大きな穴を掘るために毎週のように何千人も雇い、その穴を埋めるのにまた何千人も雇えばいいだけのことだ。しかし残念なことに、経済はそんなに単純ではない。建てている物がほとんど無価値である場合、それは都市にとって悪い投資となる。よい投資であれば、借り入れの返済ができるほどの価値を生むだけでなく、当時叶わなかった次善の策（機会費用）も補える。

投資が行われた時期の経済や労働市場の状況も考慮する必要がある。経済が好調で労働市場の競争が激しいときは、既存の投資地域に追加で建設を行うのではなく、そこから離れた場所に大会へ向けたスポーツ施設や非スポーツ施設を新たに開発する傾向が強い。さらに、建築資材や労働者が足りないところにそれ以上の需要が発生するため、生産物の価格は上昇し、インフレ圧力が生じる。この圧力はマクロ経済政策の縮小につながり、やがて生産も低下していく。

反対に、経済が不調で労働市場の受給に緩みが生じているとき、大会関連の投資は失業率を下げ、生産量の増加につながるだろう。この場合に問題なのは、短期的には同程度の影響でも、長期的にはより生産性の高い投資が他にあるかどうかだ。公債を伴う事業であるため、長期的な効果を考慮することも重要なのである。

こうしたことに加え、オリンピックの招致プロセスは、自国のビジネスサイクルと歩調が合うものではないことも心に留めておく必要がある。都市や国が立候補した場合、ＩＯＣのタイムテーブルに従わなければならない。多くの建設が始まれば労働市場にも余裕が生まれると期待してオリンピックの開催に名乗りを上げるのは浅はかな考えになりかねない。

最後に、大量のスポーツ施設建設やインフラ整備によって、大抵労働者の不足に陥る。そうして国内あるいは国外からの移民労働者の力が必要となる。その場合、移民労働者たちは低賃金で酷使されることが多い。

観光客

オリンピックが観光客数を増加させる根拠については疑問の余地がある。いわゆるオリンピックのコミュニティ（選手、監督、審判団、メディア、親族、スポンサーと彼らの招待客、ＩＯＣの実行委員）の数は多く、大会にはよるものの、1万人から2万5000人になる。その数だけでも開催都市や開催国の観光客増加に貢献するように見える。

しかし必ずしもそうとは限らない。観光収入がわずかに増加した場合もあるが、収入が減少したり変化が無かったりした場合もある。例えば、1996年夏季オリンピック・アトランタ大会の計量経済分析では、他の要素が同一条件である場合、開催月の観光業界の小売り売上、ホテル稼働率、そして空港利用者の数に大きな統計的変化は見られなかった。唯一増加を示した要素はホテル料金だったが、驚くまでもなく、そこから得られた増収分は他の都市にあるホテルチェーンの本社に流れていった。[★16]

別の例では、2008年に中国を訪れた外国人観光客の数は2430万人だったが、2007年に訪れた2610万人から6・8%減少している。2008年8月の北京への観光客数は2007年8月よりも30%少なく、大会期間中のホテル利用率も前年に比べ39％減少した。北京はオリンピック期間中、一晩40万人の観光客の利用を見込んでいたが、実際の数は23万５０００人だった。［★17］

海外からの観光客数を多く見積もりすぎていた開催地は中国だけではない。シドニーは、開催期間1日につき13万２０００人の外国人観光客を見込んでいたが、実際の数は９万７０００人だった。アテネも1日に10万５０００人を見込んでいたが、実際は1万４０００人だった［★18］。欧州ツアーオペレーター協会によれば、この問題は普遍的なものだという。「いまだかつて来場客数を正確に予想できた都市はない」。［★19］

ロンドン大会においては、イギリスの国家統計局の報告によると、２０１２年7月と8月で海外からの観光客数は前年の7月と8月に比べて6・１％減少した（２０１１年が６５７万人、２０１２年が６１７万人）。ソルトレイクシティでは、スキー時期のユタ州への観光客数は、オリンピック期間の２００１年から２００２年では２９８万人で、３２８万人が訪れた２０００年から２００１年に比べて９・９％減少した（２００２年から２００３年の３１４万人に比べても５・３％少ない）。

対照的に、シドニーへの海外観光客数自体は微増した。１９９９年は２５０

万人だったのが、夏季オリンピックを開催した2000年は270万人となった。これはシドニーにとってよいニュースだったが、同市が実数よりも27％多い観光客数を想定していたこと、そして続く3年で観光客数が減少していったことを踏まえると悪いニュースだった。隣国のニュージーランドへの観光客が増えるに従い、シドニーへの観光客は2003年に230万人となった。さらに、シドニーのホテル業者たちは大胆にも大会に向けて部屋のキャパシティを30％も増やしており、オリンピック期間中のホテル稼働率は57％だったと報じられている。［★20］

冬季オリンピック・バンクーバー大会が開催された2010年には、ブリティッシュ・コロンビア州の観光客数もわずかに増加している。2009年に58・8％だったホテル稼働率も2010年は60・1％に上昇し、観光客数は2009年の561万人から2010年には619万人に増加した。それでも2005年から2007年の年間平均688万人には届いていない［★21］。観光関連業（航空輸送、宿泊施設、食、飲料、芸術、エンターテイメント）の雇用数も、2005年から2009年にかけて毎年3・2％の増加をした後、2010年には1・1％減少した［★22］。北米の経済が2007年から2008年の経済危機から立ち直りつつあったことを考えると、この雇用の減少は特筆すべきものである。

いずれにせよ、単にある年と次の年の観光客数を比べるだけでは問題がある。他のあらゆる要素が大きな影響を与える可能性があるからだ。観光客数の比較はオリンピック年度の観光客数の減少を見えづらくする場合がある。オリンピック開催国は経済や観光業の発展途上にあることが多い。さらに世界経済や政治情勢の変化も考慮する必要がある。

知っておかなければいけないことは、オリンピックが自動的に観光客の増加につながるという考え方は短絡的すぎて危険だということだ。次の章で考察するように、観光への長期的な影響も、大会主催者たちが宣伝するようなバラ色の予測を裏付けるものではない。

第四章

レガシー、長期的な経済効果

オリンピックの開催コストが過去30年で数百億ドルへと高騰するに従い、20億ドルや50億ドルの短期的な経済活動の増加も色あせて見えるようになった。莫大な開催費を正当化するために、IOCは「遺産《レガシー》」という言葉を用いて長期的な利益を主張している。「遺産」とは2000年のシドニー大会以降IOCが使うようになった用語で、ローザンヌにあるIOCのPRオフィスの従業員たちの想像のなかにしかないような広く多様な概念だ［★1］。

IOCが開催地の遺産的利益になり得ると主張する一例を記しておく［★2］。

・スポーツ施設の建設
・交通、通信、エネルギーインフラの構築
・宿泊施設の建設
・観光促進
・貿易と投資の増加
・管理形態の洗練（政府機関内の円滑な協同関係）
・国民精神の高まり
・教育的利益

・国民の健康志向の向上——運動やスポーツへの参加が増え、外食産業などの衛生基準も向上
・バリアフリーの向上
・持続可能性に対する政策と基準の向上
・より効果的な文化保全
・犯罪率の低下
・不動産価格の上昇
・人種差別の減少
・社会的包摂の向上

これらについては、いくつかの問題点を指摘することができる。
①列挙された点は長期的利益として推定されたものであるため、開催都市や開催国は充分な利益を得るまでに数年から数十年待たなければならない可能性がある。
②その長い期間の途中には様々な変化が起きるため、もたらされる利益が大会に紐づいたものかどうか、どんどん分かりにくくなっていく。

③予想された利益の多くは無形のものであり、定量化できない。

④政治リーダーや大会組織委員メンバーたちの計算式は容易に変わる。開催にあたり経済やその他の利益を説いていた人々は基本的に責任を負わない。もし明らかな利益が何もないときでも、政治家たちは後々利益を得られると主張できる。そのようにして、大会の後援者たちは近い将来に遺産の恩恵にあずかれると思わせておきながら、とは言えそれには少し時間が必要だという言い訳を用意している。実際に遺産であるかが問題視される頃にはもう、そもそも大会に税金をつぎ込んだ政治家たちはとっくに退いているかもしれない。

遺産的利益とされるものについて分析した研究の数々を見ていこう。

長期的利益

観光業界のメリット

前章では大会が観光へおよぼす短期的な効果、つまり大会準備期間や大会中に観光客数が増えるかどうかを検討した。ここでは、大会後の観光客数を増やす可能性のあるブランド効果について検討する。

頻繁かつ強固に主張される利益のひとつが、大会を開催すれば驚くべき広告効果があり、開催国のブランド価値を高める唯一無二の機会になるというものだ。オリンピックは世界中のテレビやインターネットで何十億人にも視聴されるものであり、観光客や企業の関心を引きつけるのにこれ以上の機会はないと主張される。

ジャック・ロゲ（2001年から2013年までのIOC会長。ベルギー人）は2004年アテネ大会のテレビ視聴者数を誉め称えている。「アテネオリンピックは世界視聴者数の記録を打ち立て、およそ40億人がチャンネルを合わせた。（中略）2000年のシドニー大会が持つ36億人の記録を破った」［★3］。しかし欧州ツアーオペレーター協会はこの発言に噛みついた。「地球上にはおよそ65億の人間がいる。そのうち、16億人は電力へのアクセスが無い。さらに電力へのアクセスがある人々のうち3億人は5歳以下である」［★4］。アテネオリンピックの視聴が可能なのは46億人だったということだ。つまり、ロゲは視聴可能な人々の87％が実際にテレビを見たと主張していたことになる。ロゲの語っていた数字は、テレビを見た正確な実数ではなく、オリンピックを見る「可能性のあった」人の数だったと思われる。

ＩＯＣやＦＩＦＡが視聴者数を誇張していたとしても、世界中に膨大な数の観客がいることは確かだ。問題は５億人が見たのか40億人が見たのかではなく、視聴者やテレビ放送が開催国の観光的魅力に関心を持ったのか、そして大会の結果に関心を持ったのかである。開催国へ旅行や投資ができる経済力のある人が見るときはその国の質に注目するかもしれないが、その場合に問題になるのは、その人にポジティブな印象が残るかネガティブな印象が残るかだ。

例えば視聴者は１９６８年夏季オリンピックの後、メキシコへの印象をよくしただろうか？　大会に先駆けてデモを行った２００名以上の学生が軍によって命を奪われ（公式発表では二十数名、実際には２００〜３００名が命を落としたと言われている）、大会中にはアメリカの黒人選手による政治的抗議があった――しかもそのあいだ、報道機関は重度の大気汚染を指摘し続けていた。似たような疑問は、１９７２年ミュンヘン大会にも、１９７６年モントリオール大会にも、１９８０年モスクワ大会にも、１９９６年アトランタ大会にも、２００４年アテネ大会にも、２００８年北京大会にも、２０１４年ソチ大会にも投げかけることができる。

１９９１年に観光業を専門に研究するＪ・Ｒ・ブレント・リッチーとブライ

アン・H・スミスが行った1988年冬季オリンピック・カルガリー大会に関する認知度の調査では、アメリカとヨーロッパの視聴者に最も印象に残ったカルガリーの特徴は「寒そう」だったことが分かった。さらに、開催地だったカルガリーは、1988年には高い認知度を得ていたものの、わずか1年後の1989年には認知度が急激に低下したこともリッチーとスミスは突き止めている。開催の影響は「真っ先に頭に浮かぶ認知度という観点では短期間のうちにかなり低下する」と二人は結論づけた［★5］。

開催地がどれほど魅力的であろうと、開催にはいつも不確実性やリスクが伴う。天候が悪いかもしれないし、民衆による抗議活動が起きるかもしれないし、テロが起きるかもしれないし、深刻な渋滞があるかもしれない。貧困層が多く、環境汚染を抱え、天候が変わりやすく、抑圧的な政治体制で、汚職がはびこり、インフラが整っていない国々では、リスクはさらに大きくなる。

欧州ツアーオペレーター協会は観光に対するオリンピックの影響についていくつかの分析を行っている。いずれの分析においても、結果は悲観的なものだった。欧州ツアーオペレーター協会が指摘した有益な論点のひとつは、オリンピックやワールドカップを観戦した観光客は、開催地の観光名所には足を運んでいないという点だ。例えば2012年にロンドンを訪れたスポーツファンは、劇場にも、コンサートホールにも、大英博物館にも、バッキンガム宮殿にも、ハイド・パークにも行かなかった。彼らは大会の会場であるイーストロンドンに行ったのだ。大会観戦者が帰国してから彼らは友人や親戚や近所の人々に大会の熱狂は伝えたとしても、それを聞いて大会後のロンドンを訪れる気になる者はいないだろう。熱狂に満ちた大会は2012年に終わったのである。しかも彼らはロンドン観光の素晴らしさについてはほとんど、あるいはまったく語らなかったかもしれないが、高額な滞在費や食費、そして延々と続く渋滞については何かしら語ったはずだ。

貿易と投資

仮にオリンピック開催に広告的効果があるとするなら、潜在的な観光客だけでなく開催地でのビジネスチャンスを伺う人々に対してもアピールになるはずだ。そのため、大会の支持者たちは潜在的な利益として国際貿易や投資の増加があるとも盛んに主張する。しかしアンドリュー・K・ローズとマーク・M・スピーゲルによる2011年の研究が発表されるまでは、そのようなポジティブな効果を裏付ける学術的な研究は皆無だった［★6］。ローズとスピーゲルは、オリンピックの各開催国に輸出量の大幅で持続的な増加が見られることを突き止めた［★7］。彼らによると、この増加は実際に大会を開催したことではなく、大会の開催地に立候補したことによる効果だという。つまり、彼らの言うポジティブな効果は、立候補しながら招致に失敗した国にも、立候補して招致に成功した国にも等しく見られるものである。それは立候補することによって、各国が商取引だけでなく貿易に力を入れ競争を歓迎する信号（シグナリング）になるからだとローズとスピーゲルは分析している。

しかしその後の研究で、ヴォルフガング・メニッヒとフェリックス・リヒターはローズとスピーゲルが採り上げた国は代表的な例ではないと指摘した。

我々はローズとスピーゲルによる実証的な研究に疑問を持っている。なぜなら、彼らはアメリカ、日本、ドイツ、カナダ、イタリア、スペイン、そしてオーストラリアといった何世紀にもわたり輸出で利益を得てきたオリンピック開催国を、その他の国々と比較しているからだ。構造の違う、釣り合いの取れないグループとの比較は選択の偏りが生じている可能性が

ある。［★8］

メニッヒとリヒターが比較の偏りを修正し、構造的に似た国々だけで比較を行うと、貿易に好影響をもたらすシグナリングの効果はまったく無くなることが分かった。こうして、広く宣伝される貿易上の利益を裏付ける証拠はどこにも無くなってしまった。

質的利益とその他の利益

オリンピックを開催することで得られると言われる質的利益のリストは膨大で多岐にわたる。管理形態やビジネス文化の向上、精神の高揚、犯罪の減少、不動産価格の上昇、スポーツ人口の増加、持続可能な世界の構築に対する取り組みの促進、都市の価値増大などだ。ここでもまた、これらの利益を個別に裏付ける証拠に欠けている。いくつかの開催地で、こうした質的利益が向上したことに間違いはないが、そうした向上は開催しようがしまいが起きることだとも考えられる。オリンピックの利益だと言われるその他のものも、実際に変化が起きると、一長一短があることもある。先に記した不動産価格の上昇は、変化の起きた地区の土地所有者にとってはよいことだが、そこに住む人々やその土地に移ろうとしていた企業にとってはよいことではない。立ち退きを迫られた人々にとってもよいことでないのは言うまでもない。

一方、利益があると言われながらまったく利益が見えてこないものもある。2012年の調査では、スポーツイベントとプロスポーツチームが地元の犯罪率におよぼす影響を分析し、プロスポーツチームは地元の犯罪率に影響をおよぼさないものの、オリンピックは10％の「増加」に結びついていることが分かった［★9］。その他の調査では、オリンピックが売春や性的人身売買の増加につながると指摘されている。［★10］

持続可能性についても、近年IOCが力を入れているにもかかわらず、結果が判別しがたいか、マイナスに傾いている。1992年にフランスのアルベールビルで行われた冬季オリンピック前後で起きた環境被害への反発を受けて、リオデジャネイロで開かれた地球サミットにおいてIOCは「アジェンダ21」を発表し、以後「持続可能な大会」を推し進めていくことになる。1994年のオリンピック・コングレス（訳注：IOCや国内オリンピック委員、その他オリンピックに関わる人々が一同に会する十数年に一度の会議）で、IOCは環境保全が「オリンピズムに欠かせない要素」だと宣言し、1995年にオリンピック憲章の規則二に「環境問題への責任ある関心を示すという条件のもとでオリンピック競技大会が開催されるよう配慮する」という文言を加えた。

長期的コスト

17日から34日間の大会に向けて専門施設が作られる場合、それらの施設のいくつかは大会後に有効な利用法を見いだせなくなる。その施設が充分に活用されていなくても、維持費や運営費はかかる。長期的なコストには今後の施設の維持費や運営費、建築時の借金の返済、そしてそこに施設が建設されたことによる機会損失などが含まれる。充分活用されていない、あるいはまったく活用されていない施設は俗に「ホワイトエレファント《無用の長物》」と呼ばれている[★11]。こうした施設が大会後に至るところで見られる。

ホワイトエレファント

2008年オリンピックのメインスタジアムとなった北京の「鳥の巣」は、建設に4億6000万ドルが費やされたと言われている。9万人の収容能力があり、140の豪華な部屋がある。オリンピック後は北京国安足球倶楽部（北京のプロサッカークラブ）のホームスタジアムとなる予定もあったが、平均動員1万人ほどのチームが8倍から9倍の収容能力があるスタジアムを使用して恥をかくことを恐れ、彼らは手を引いた。現在スタジアムは年間の維持費に1000万ドルほどかかっており、時おりイベントを開催しながら、北京の観光地のひとつとして利用されている。CBSニュースの2014年2月の報道によれば、「2008年の大会の熱気が冷め、8ドル以上を支払ってこの施設を見学しようとする観光客はほとんどおらず、スタジアムはイベントを埋めるのに苦労している」［★12］という。CBSのレポートはさらにこう続いている。「その他のスタジアムは見捨てられて壊滅的な状況に陥っている。5500万ドルを費やした北京郊外の水上公園は活用されておらず、この有料施設の利用者は極めて少ない。別の郊外の自転車競技場は草に覆われ、ビーチバレー場は多くが一般に開放されていない」［★13］

「鳥の巣」はホワイトエレファントとして一番有名な負の遺産かもしれないが、ホワイトエレファントを生み出した数で言えば、アテネ大会が一番かもしれない。トロントの『グローブ・アンド・メール』紙でダグ・ソーンダースは20

04年オリンピック後のアテネの印象について次のように記している。

アテネ郊外の競技場や丘を歩いてみると、あらゆる種類のギリシャの遺跡を見ることになるだろう。いまにも崩れそうなバレーボールスタジアム。そのスタンドには家のない家族が暮らしている。2万席のソフトボール場はほとんど木に埋めつくされている。打ち捨てられた巨大な円形競技場にも似ている荒れ果てた草の茂る丘はカヤックの会場なのだった。すべては2004年のオリンピックに向けて作られたものだった。[★14]

ある研究者によると「オリンピックに向けて建てられたスタジアム、アリーナ、スポーツホール、そして競泳場など22の施設のうち21の施設が放置されているか、破損しているか、閉鎖しているか、買い手がつかない状態で利用されていない。4年後に開催された北京大会と同じように、アテネはオリンピックの浪費の跡を残すゴーストタウンを維持するためだけに7億8400万ドルとも言われる費用に直面している」[★15]。アテネの選手村にある2300のアパートの半分は2011年時点でいまだに空き家となっており、敷地内の大半の商業施設は店を閉じている。約束されていた学校も完成することはなかった。

その他の開催地もオリンピック施設の長期的活用法を見いだすのに苦労している。長野には１９９８年冬季大会の５つの大きな施設が残っているが、人口40万以下の都市が維持するには費用がかかりすぎると多くの人が不満をこぼしている。長野のオリンピック・スタジアムは野球場へと変わったものの、日本野球機構には長野に拠点を置くチームはない。アトランタのオリンピック・スタジアムは１９９７年にアトランタ・ブレーブスの本拠地となりながらも、２０１３年に北部の郊外へ近々本拠地を移転すると発表した。バルセロナのオリンピック・スタジアムは１９９２年以降いまだに主要のテナントを見つけることができていない。[★16]

長期的負債と機会損失

楽しいパーティが大抵ひどい二日酔いを伴うのと同じように、オリンピックには大きな借金が伴う。政府はスポーツの祭典を開くにあたって資金を借り入れる。後に残るのは、返すのに通常10年や20年、あるいは30年かかる借金だ。

『ニューヨーク・タイムズ』はバンクーバーで行われた冬季オリンピックの巨額の負債について次のように記している。

58万人を抱えるこの都市に残されたのは選手村建設に向けて支援を受けた10億ドルの借金だ。加えて、バンクーバーとブリティッシュ・コロンビアの人々はすでに地方自治体の教育、医療、芸術などのサービス削減に見舞われている。［★17］

何十億ドルもの借金の返済にあてられる資金が医療や、教育や、持続可能性の促進といった価値あるインフラ整備に使われることはない。それどころか、借金を返すということは、公共サービスの削減か増税を意味する。こうした財政的遺産は、借金をして行った最初の投資が開催地の長期的な発展によい影響をもたらすときのみ正当化できる。パーティは楽しいだろうが、雇用の促進や経済発展には必ずしもつながらないのである。

第五章

バルセロナの成功例とソチの失敗例

バルセロナとソチはオリンピック開催で利益を得ることを考えるにあたり、両極端に位置する都市だ。事前の計画、財源、文化的遺産やロケーションから生じる先天的なポテンシャルが2都市の運命を劇的に分け、この先巨大イベントの開催を目指す都市への教訓的な実例となっている。

バルセロナの勝因とは？

バルセロナはオリンピックを開催する都市にとって成功のシンボルだ。どの開催都市も1992年夏季オリンピックを開催したバルセロナを研究し、そこから学ぼうとしている。あらゆる面で、バルセロナの事例は上手くいく方法を体現したものであり、他の都市がそこから学ぼうとする理由は充分にある。しかしながら、バルセロナの境遇は特殊なものであったため、他の都市がそれを再現しようとしても簡単にはいかないだろう。

いくつかの歴史的背景もバルセロナの成功を後押しした。1939年からこの世を去る1975年まで、フランシスコ・フランコはスペインの独裁的支配者だった。この期間中、バルセロナのあるカタルーニャ州は比較的放っておかれた地域だった。その当時のバルセロナの開発は不動産投資が主であり、インフラはそれほど進んでおらず、都市デザインについてもほとんど考えられていなかった。気候が心地よく、地中海に面し、見事な建築的遺産があり、興味深い歴史を持つにもかかわらず、ヨーロッパの観光地やビジネスの中心地としての序列はずいぶん低かった。

フランコ体制が終焉を迎えると、バルセロナは開発を仕切り直す機会を待ち望むようになった。資本家、労働者、そして地方自治体や、市や、政府が前向きな精神で一体となり、積極的な取り組みを進めていった。１９７６年には新たな都市の枠組みを形作る「バルセロナ大都市圏総合プラン（ＰＧＭ）」が策定された。このプランのかなりの部分は、海岸地域をさらに活用していくことと連動していた。ビーチまで届いていなかったポブレノウ地区の鉄道路線再配置を始め、有名なランブラス通りの近辺に地下へ潜る道路を設置した。打ち捨てられた納屋や工場の多かったポブレノウは切り開かれ、やがてオリンピック選手村の設営地となり、大会後は一般の住居となる。プランには他にも、市内外の道路交通網の改善、地下鉄システムの拡張、空港の改修、公共空間や博物館の刷新、そして下水システムの近代化などが含まれていた。

このように、都市再開発の初期プランが１９７６年に策定され、その後数年のうちにより現実的な内容に練り上げられた。ＩＯＣが１９９２年大会の開催都市にバルセロナを選ぶのは１９８６年のことである。

１９８３年、都市計画の立案者たちはオリンピックの実行可能性についての事前調査を発表し、開催地に選ばれようと選ばれまいと、１９３６年大会立候補時に建設されたモンジュイックのスタジアムの改修（これがオリンピック・スタジアムとなった）と、スポーツ・パレスおよび競泳施設の建設に取り組むことを宣言した［★1］。１９９２年大会で使われることとなった37のスポーツ施設のうち、開催地に決まった１９８６年の時点ですでに27の施設があり、５つは建設中だった［★2］。つまり、バルセロナの大きな特徴は「プランが大会に先行していたこと」である。大会のために都市開発プランを立てる通常のパターンとは違い、すでにある開発プランのために大会を誘致したのだ［★3］。

さらに他の要素も開催地として有利に働いた。

①大会の総コスト１１５億ドル（２０００年のドル価値で算出）のうち、69億ドル（60％）は民間の資金から出ている。公的機関からの40％のうち、バルセロナ市の予算から出たのは２億３５００万ドル（公的資金の５％）のみだった［★4］。大都市圏総合プランとオリンピックに関連した都市開発への投資のうち、83％がス

ポーツ以外の施設に使われた［★5］。

②スペイン全体の経済状況も追い風となった。一人あたりのGDPは1960年から1974年のあいだに6・1％の成長だったが、続く11年はほとんど低迷し1974年から1985年にかけての成長率は0・8％に落ちていた。この長く続いた緩やかな成長は、大都市圏総合プランによるインフラや施設への投資のおかげで、強度のインフレではなく雇用や生産の増加がやって来ることを示唆していた。言い換えれば、バルセロナの経済は大金を費やして市場を刺激したことによる恩恵を受ける段階に入りつつあったのである。

③1986年にスペインが欧州経済共同体（現在のEU）に加盟したことで、この好ましい経済状態がさらに強固になった。スペインの加盟は融資、貿易、そして観光を促進した。

④極めて重要なことだが、バルセロナは「隠れた宝石」だった。バルセロナの場所、気候、建築、そして歴史は、長らく見過ごされてきたこの都市の観光とビジネスに計り知れないポテンシャルがあることを示していた。開催希望都市の多くは、自らの都市もバルセロナのようになれると信じたいだろうが、1980年代のバルセロナと同じほど優れた特徴を持ち得る都市は数少ない。

1986年11月から1992年7月にかけて、バルセロナの失業者数は12万7774人から6万885人となり、失業率に換算すると18・4％から9・6％に減った［★6］。空港には新たなターミナルもでき、街には40のホテルが新設され、空港利用者は1985年の546万人から1992年にはほぼ倍の1004万人となった。ヨーロッパ圏内での観光やビジネスの会合地としてのバルセロナの格付けは1990年の11位から2009年の4位にまで上がった。

表5－1は国内および海外観光客のベッド稼働数（滞在日数の平均×観光客数）であり、単に観光客数を計算するよりもこちらの方が正確に経済への影響を測ることができる（図の3つの欄は一定期間内の増加率を表している）。バルセロナのベッド稼働数はオリンピックの翌年1993年に減少しているものの、それ以降は大きく増加している。1990年から1994年、そして1991年から1994年のバルセロナの増加率をフィレンツェやヴェネツィアと比較してみると、バルセロナの増加率はフィレンツェの数値をどちらの年でも上回っており、1990年から1994年の増加率ではヴェネツィアも上回っている。加えて、バルセロナは3つの期間内のすべてにおいて、他のヨーロッパ主要都市の増加率を上回っている。さらに重要なのが、1993年以降のバルセロナの成長が表5－

表 5-1　ヨーロッパの国内および国際観光客のベッド稼働数

都市	100 万ベッド／年ごとの数 1990	1991	1992	1993	1994	1994年と1990年の対比	1994年と1991年の対比	1995	2000	2010	2010年と1991年の対比
ロンドン	91,300	84,400	84,100	85,782	92,100	1.01	1.09	103,300	124,440	114,636	1.36
パリ	31,166	28,269	30,976	26,453	26,984	0.87	0.95	24,813	33,547	35,790	1.27
ベルリン	7,244	7,668	7,661	7,292	7,344	1.01	0.96	7,530	11,413	20,803	2.71
ローマ	12,915	12,019	12,406	12,367	14,374	1.11	1.20	12,828	14,781	20,395	1.70
バルセロナ	3,796	4,090	4,333	4,257	4,705	1.24	1.15	5,675	9,267	15,342	3.75
マドリッド	9,482	8,728	7,717	7,186	8,056	0.85	0.92	8,372	12,655	15,193	1.74
プラハ	4,524	4,700	4,363	3,515	4,556	1.01	0.97	5,104	8,155	12,090	2.57
ヴィエナ	8,079	7,617	7,606	7,226	7,493	0.93	0.98	7,623	8,235	11,676	1.53
ミュンヘン	6,924	6,608	6,541	6,095	5,932	0.86	0.90	6,127	7,756	11,096	1.68
アムステルダム	5,721	5,364	5,850	5,414	5,912	1.03	1.10	6,214	7,766	9,725	1.81
ハンブルグ	3,962	4,072	4,044	3,960	4,115	1.04	1.01	4,165	4,845	8,877	2.18
ミラノ	5,791	5,574	5,590	5,352	5,764	1.00	1.03	6,005	5,035	8,420	1.51
フィレンツェ	5,671	5,468	5,756	5,647	6,202	1.09	1.13	6,455	6,874	6,008	1.10
ブダペスト	6,586	5,032	4,519	4,149	4,373	0.66	0.87	4,328	4,873	5,854	1.16
ヴェニス	2,432	2,209	2,388	2,583	2,809	1.16	1.27	2,944	3,563	5,761	2.61

出典：Data compiled from TourismReview.com
(www.tourism-review.com/bednight-figures-in-european-cities-reach-for-the-sky-in-the-european-cities-marketing-benchmaking-report-news2847), various years.

1の他のヨーロッパ都市に比べて圧倒的に早い点だ。この急速な成長はどのような観点から見ても驚くべきものである。

1993年以降のバルセロナの急速な成長の要因は何だろうか？ 2012年ロンドン大会の参考にするべく2010年にイギリスが行った調査では、バルセロナ大会について次のように記されている。「オリンピック前は年間のホテル稼働率の平均が80％であったホテルが、50％を下回るようになった。このことが、また無名の都市に戻ってしまうのではないかという非常に現実的な切迫感と相まって、料金の引き下げにつながった」［★7］

欧州ツアーオペレーター協会も同じ見解だった。オリンピックでホテルの客室数自体は大きく増加する。かといって、それに比例して滞在客数も自動的に増える訳ではない。ホテルの料金は下がり、サービス業界にいら立ちが募っていたところで、市が行動を起こした。

1993年、市は官民一体となったバルセロナ観光局を設置した。観光局の統括は市長が務める一方、実行委員のトップは商工会議所の会頭が務めた。局は入念なマーケットリサーチを実施し、積極的なプロモーション活動を行った。さらに、新しい港湾施設を利用してクルージングの市場も開拓した。現在それらの施設は1日に2万6０００人以上の乗客に対応することができる。偶然にも、１９９7年にヨーロッパの航空自由化が完了したことで、ヨーロッパ内を格安で運航する新たな民間企業が出現した。こうした要因がバルセロナが元々持っていた魅力に加わり、バルセロナの観光業を栄光の道へと後押ししていった。

このように、オリンピック開催はバルセロナの成功の唯一の要因ではないとはいえ、成長を促進する影響はあったように見える。バルセロナがオリンピック開催による成功のシンボルになったのは根拠のないことではない。

とは言うものの、バルセロナ大会にも魅力的とは言えない側面もある。開発プランには古い産業や居住地区の排除も含まれていた。

バルセロナの新しい都市部は、公共サービスの向上と、一部に海への直接的なアクセスを作り出す目的で再開発されていたのだった。こうした都市部は高級化し、それに伴って物価も上昇していった。物価が上昇すると低所得者層は移住を余儀なくされ、これは広く言えば、公共住宅の不足につながる。［★8］

ある研究では以下のような影響が指摘されている。

・家の賃料や売値の大幅な上昇（１９８6年から１９９3年にかけて売値は１３９％上昇、賃料は

145％近く上昇）

・公共住宅供給量の大幅な減少（1986年から1992年にかけて5・9％の減少）

・賃貸住宅供給量の緩やかな減少（1981年から1991年にかけて23・7％の減少）［★9］

このように、他の巨大イベント開催地と同じように、バルセロナでも生活水準の再設定が起き、低所得者層が打撃を被ったのである。［★10］

ソチ、ロシアの無残

バルセロナがオリンピック開催による成功のシンボルだとすれば、ソチは失敗のシンボルだと言える。ソチを冬のリゾート地にする計画はソ連時代の後半からあり、2014年大会への立候補は三度目の試みだった。前の二度は1990年代のことだったが、資金難やソ連崩壊後の経済的混乱により招致にはつながらなかった［★11］。2014年オリンピックの開催地に決まり、ソチの「改修」はより大掛かりなものとなった。元々の予算は120億ドルだった。ウラジミール・プーチンにとって、この冬季オリンピックはロシアを再び世界の超大国に押し上げるためのものだった。

ソチは黒海に面した人口約40万の都市である。亜熱帯性の気候で、夏は暖かく寒さも厳しくない。そのためロシア富裕層の夏の避暑地として長く親しまれてきた。２０１４年冬季オリンピックの開催に加え、２０１８年ワールドカップの会場のひとつにもなる予定だ。

ソチは一年中楽しめるスタイリッシュなヨーロッパ風のリゾートになるとプーチンは宣伝したが、現実を見るとそんなことは起こり得ないばかりか、夏の避暑地としての評判にも傷がついている。ソチの壮大な改修費は確実に５００億ドルは超えており、６５０億ドル以上に達している可能性もある。

もちろん、ソチ大会にかかった実際のコストは国家機密として厳重に保護されているため、私たちが正確な金額を知ることは決してないだろう。ロシアで最も有名な財務・会計コンサルティング会社のひとつＦＢＫの戦略分析部に在籍するイゴール・ニコラエフは、コストの総額は６６７億ドルだと推定している［★12］。しかし、ここでは少し控えめに、ロシアの公的機関やメディアの多くが伝える５１０億ドルだと仮定しよう。この額ですら２００８年の北京オリンピックが記録した過去最高額を１００億ドルも上回っており、過去の冬季大会すべての予算の合計をも上回っている。この５１０億ドルでさえも、招致時にソチが見積もっていたコスト総額１０３億ドルの５倍近くになる。［★13］

510億ドルもの投資に見合うためには、ソチの観光はどれほどの収入を生み出さねばならないだろうか？　510億ドルを30年以上のローンで借り入れ、2013年後半のロシア中央銀行の利率8・25％で計算すると、毎年の返済を行うには「1年で」47億ドルの観光収入を得なければならない。この莫大な額をコロラド州ピトキン郡の個人所得の合計と比較してみよう。アスペンやスノーマスなどの有名なスキーリゾートを持つピトキン郡の2010年の個人所得合計は、7億ドルにも満たなかった。

ソチ大会に向けた「プラン」と、その投資の結果について見てみよう。2014年オリンピックの開催地に決まった2007年7月、ロシア副首相アレクサンドル・ジューコフにより、プーチンが開催を求めていた最大の理由が明らかにされた。「世界に新しいロシアを知らしめる」とジューコフは宣言した。ボリス・グリズロフ下院議長も「ロシアは再び世界のリーダーとなる」［★14］と発言した。

実はプーチンが見栄を張りたいだけで、将来を見据えたプランがあった訳ではなかった。1928年から1932年のソ連第一次五カ年計画中のスターリンによる「超工業化」プロジェクトと同じく、ロシアはこの一大建設プロジェクトをやり遂げられることを何とか証明しようとしていた。ソチにも充分な資金が投じられ、支払いがきちんと行われていたら、上手くいく可能性もあった。しかし多くのことが間違った方向に進んだ。

新興財閥と民間の出資

当初は予算120億ドル（IOCに提出した予算103億ドルから増加）のうち、3分の2を民間の資金からまかなう予定だった。プーチンは彼が鉱物資源の融通を図っていた新興財閥の友人らに声をかけ、援助を求めた。彼らは、あまり気乗りがしないながらも、資金がきちんと管理され国からの助成金があることを期待して、初めのうちはこれに従った。やがて要求される資金は増えていき、助成金も出ず作業を完了させるために必要な支出は膨らんでいった[★15]。彼らは疲弊していくことになる。そんな新興財閥の資本家の2人が、ウラジミール・ポターニン（ニッケル産業）とオレグ・デリパスカ（アルミニウム産業）だった。

プーチンはポターニンと2人でスキー休暇に行き、ソチから60キロほど離れた4つのスキーリゾートのうちひとつの建設の資金援助を求めていた。デリパスカは彼のビジネスに政府からの将来的な支援を得たければ、ソチ大会の援助をするのが賢明な選択だと聞かされ、ロシア開発対外経済銀行から10億ドルを借り入れて、のちに港湾、道路、空港、そして選手村建設という、およそ24億ドルのプロジェクトを引き受けた。［★16］

　ポターニンもデリパスカもあらゆるインタビューで投資への不安を口にし、助成金の増額、税制優遇、低金利のローンなどを政府に求めた。2012年にポターニンは、大会前に建てたホテルを売りたかったが政府の圧力によって断念させられたとロイター社に語っている。プラハにあるセキュリティ分析・予防センターの調査でも「新しいホテル群を建設した開発者たちはプロジェクトに意欲を失っている」と似たようなことが報告されている。報告はこう続けられた。「民間の投資者のなかには、建設による利益を得ることは不可能だと自覚している者もいて、銀行からの借り入れ額に応じた助成金を求め、彼らの企業の株式を政府が購入することを望んでいる」［★17］

　プーチン政権下の前首相ミハイル・カシヤノフは、民間による投資は強要されたものだと示唆した。「ロシアでビジネスをやりたければ、税金を支払わなければならない――（プーチンから）求められる税金をだ」。個人資本家からの多大な投資があったにもかかわらず、ソチ大会のコストは増え続けたため、民間からの出資の割合は低下した。いくつかの調査によると、当初は民間の投資でコストの67％をまかなう予定だったが、最終的には10％にも満たなかったという。公的資金とロシアの人々の税金が不足分の穴埋めをしたのである。

厳密に言うと、元々は民間の資金だとされていたものも、結果的には公的資金と同義になったようである。いくつかの銀行ローンは返済されることなく、特定の投資に対する民間の損失分を埋め合わせる助成金が追加で支払われることになっているからだ。

市民権、労働者搾取、強制移住

2013年2月に人権NGOヒューマン・ライツ・ウォッチが発表した調査で、ロシア労働法の重大な違反があったことが判明した。調査員たちはオリンピック施設や交通機関の建築現場で作業した数十人の移民労働者に聞き取り調査を行い（約1万6000人がロシア以外から働きに来ていた）、そして週7日、1日10時間以上、残業代も出ずに働くのが常態化していたことが明らかになった。名目上は時給1・8ドルから2・6ドルほどだったが、給料を受け取れなかった者や、遅れて受け取った者、そして一部しか受け取れなかった者がいた。彼ら移民労働者たちは充分な食料もない過密した生活環境に押し込められていた。調査では、こうした扱いは人間の尊厳保持を謳うオリンピック憲章に真っ向から反するものだと指摘している。［★18］

調査ではさらに、建設現場と同様、強制立ち退きや強制移住の多くの事例でも通常価格以下の補償しかなされなかったことが分かっている。丘の中腹にあったタチアナ・スキーバの新居は、オリンピックの建設現場から落ちてきた大量のコンクリートや廃材によって破壊されてしまった。初めのうちソチでオリンピックが開かれることを喜んでいたスキーバだったが「いまとなっては私にとっても、この通り沿いに住む全員にとっても、オリンピックは地獄です。地獄であると同時に誰もが政府への怒りを募らせています」と語った。［★19］

オリンピックと汚染問題

環境保護主義者たちは、ソチでの施設建設やインフラ整備が繊細な山麓の景観を壊し、生物の多様性を乱し、黒海に有毒物質を流していると主張している。

ＩＯＣが持続可能性の理念を掲げているにもかかわらず、ソチでの建設工事は環境に大きな問題を残している。ロイターの記者によると、「ソチの地元住民はオリンピック関連の建設で使われた化学物質が水を汚染したため、近い将来ソチをロシアの一大観光地にするという目論みも台無しになったと語っている」。モスクワからの観光客も記者にこう述べた。「ここの水では泳ぎたくない。地元の人でさえ泳ぐのを止めてるんだから」。ヒューマン・ライツ・ウォッチもまた、無数の地元の不満の声を採り上げ、オリンピック関連建設の多くが、ロシアの法で定められた環境評価の基準を満たしていなかったと指摘している。『モスクワ・タイムズ』紙では次のように報じられた。「なかでも批判の声を上げているのが環境保護活動家たちだ。彼らは大規模な建設プロジェクトが地元の自然生態系を破壊すると語る。２０１０年、国連環境計画は報告書のなかで、ロシア政府は各プロジェクトが地域の生態系に与える累積的影響に目を向けていなかったと述べた」[★20]

スティーヴン・マイヤーズは、『ニューヨーク・タイムズ』日曜版の別冊にこう書いている。「地域の保護区域で強欲な開発が進んでいる。そこにはソチの研究センターとなる予定の建物もあるが、多くの人はこれがヘリポートやスイス風の別荘を備えたプーチン用の個人的な山岳リゾートになると考えている」[★21]

生態系の破壊に反対する地元住民や環境保護活動家たちは、軽蔑や抑圧の対象となってしまった。AP通信が2013年に報じたところによると、彼ら反対者たちは「拘束され、裁判にかけられ、ビーチへの立ち入りすら禁止された」という。［★22］

ソチ大会はさらに大きな環境への影響を与えたとも言える。国の環境保護に対する規制が緩和されたのだ。チューリッヒ大学の都市地理学の教授マルティン・ミュラーは、次のように考察している。「これからさらに懸念されるのは、環境にまつわる規制の緩和によって環境破壊が促進されてしまうことだ。この緩和は保護地区の法律にも適用され、そこで巨大スポーツイベントが行えるように修正された。森林伐採についての規制も、希少な木々の伐採まで行えるよう修正された」［★23］

テロリズム

2013年12月、34人の命を奪ったヴォルゴグラードの二度の鉄道駅爆破事件、そしてダゲスタン共和国で7人が殺害された銃撃事件によって、ソチは政治的に不安定で危険な地域であることが嫌というほど明らかになった。ダゲスタン、チェチェン、そしてアブハジアやその他の近隣地域で各テロリストグループが独立を求めて活発に活動している。チェチェンのテロリストのリーダーは冬季大会を攻撃すると脅しをかけた［★24］。２０１４年オリンピックで世界中に報道される前は、ソチは平和で暖かい黒海沿いの避暑地だったかもしれないが、いまやほとんどの人間がソチのことを安全な場所だとは思わなくなった。

気候

恐れていたように、ソチの冬の気候はオリンピックに力を貸すものではなかった。一週間近く、ソチ郊外のスキーリゾートの気温は15度以上を記録し続けていた。大会組織委員会は蓄えておいた何トンもの人工雪を会場に敷き詰めた。しかしながら競技の実施は遅れ、選手たちから不満が噴出する。

亜熱帯気候のソチは夏の避暑地として何十年も、主にロシアの政治家たちから、最近では裕福なビジネスリーダーたちから親しまれてきた。そして大会を通してソチを一年中楽しめるリゾートに変えようという思惑があった。しかし冬季大会中の暖かい気候がテレビや、インターネットや、ソーシャルメディアで世界中を駆けめぐったことで、冬のリゾート地としてのソチのイメージは充分に宣伝できなかった。

ホスピタリティ

多くの巨大スポーツイベントがそうであるように、建設の規模があまりに大きいせいで、いくつかのプロジェクトは完成が間に合わなかった。ソチのホテル建設プロジェクトには、この問題が大きくのしかかっていた。メディア各局は、観光客や選手たちの予約を取ったにもかかわらず、開業が間に合わなかったホテルの話や、水がまったく出ない部屋、浴室が水浸しになる部屋、電話やテレビが置かれていない部屋、トイレや天井のない浴室などについての話を嬉々として報じた。加えて夜の娯楽がないこと、レストランの選択肢の少なさ、サービスの質などにも多くの不満が出た。

ロシアの大手旅行代理店KMPの国内観光部門のトップ、アレクサンドル・マキャロフスキーは「ソチはこれまで外国人を相手にしたことがなく、地元の人々は英語でのやり取りに苦労している」と語った。ソチ市長のアドバイザー、オルガ・ネデルコは、こう付け加えた。「ホスピタリティもひとつの問題です。（中略）地元の人々は観光客を邪魔者だと思うことに慣れてしまっています」［★

25 観光への影響

２０１３年のソチ大会組織委員会の公式発表によると、２０１０年と11年でソチの観光客数には減少が見られ、２００６年並みの水準に戻ったという。発表では、この減少は同地域での大掛かりな建設工事が原因ではないかとの見解が示された。この大会についてのあらゆるネガティブな意見と同じように、観光についても楽観的なものはほとんどない。ソチがロシアやヨーロッパの大都市圏から遠く、行きづらく、ビザの取得という障害があることも、警告にはならなかった。大会のために作られすぎた新しいホテルの部屋（2万２０００部屋）はホテル稼働率を30％以下に押し下げ、値引きを余儀なくされ、それが破産へとつながるのではないかと懸念が広まった。

ソチのラディソン・ブル・ビーチリゾート＆スパの総支配人ブライアン・グリーソンは、今後、観光客がどこから来るのか見当もつかないと言う。アメリカやヨーロッパからの観光客に期待してはいない。なぜなら彼らは、もっと安く行ける近場のリゾートがいくらでもあるのに、わざわざ苦労してロシアのビザを取る人などそうはいないからだ。２０１４年のクリミア併合も事態をさらに悪化させている。夏の観光客がクリミアのビーチへ流れてしまう。ロシア政府はクリミアを併合するなり、航空を支援しクリミアの観光を後押しし、ロシアへの同化を急ぐために資金を投じ始めた。

建築遺産の問題をさらに複雑にしているのが、政治的腐敗に加え、目先の利益を優先して質の悪い建築を行ったことだ。この分野の研究に5年を費やしたマルティン・ミュラーは、各種の建設プロジェクトでクオリティ保証を担当した技術者たちと話した際、次のように言われたという。「保証できるクオリティはありません。クオリティは問題に上がりませんでした。投資家たちからの要求もなく、誰もクオリティについて問われなかったのです。クオリティ評価の段階になると、賄賂を送ろうとさえする建築業者もいました」

本書を執筆している２０１４年7月の時点で、オリンピック関連の施設やホテルは財政的危機に陥っているようだ。２０１４年5月、ロシア政府はオリンピック関連の事業には固定資産税を免除すると発表した。これによって地方自治体は２０１４年の税収から1億１４００万ドルを失うことになると報じられ

ている。ある高官は、各事業主は税金を支払える資金を持っていないのだから、他に選択肢はなかったと語った。［★26］

皮肉なことに、2014年6月、政府はソチ大会が歴代一位となる2億6100万ドルの黒字を記録したと発表した［★27］。この数字は大会の実施に直結する運営費の収入とコストの話であり、経済的にはほとんど意味を持たない。政府はこの黒字を演出するため、ソチ大会組織委員会に小切手を書いて収入を増やしたかコストを減らしたのかもしれない。そしてこの黒字の運営費には、資金調達に関わるコストがまったく含まれていない。

こうして、政治的な抵抗を受ける可能性を伴いながら、最後には結局プーチンが自らの手でメスを入れたのだった。経済開発の立案にはあまり長けていないものの、プーチンは政治的・軍事的戦略の達人だ。そのため、偶然か計画通りかは分からないが、プーチンは大会からわずか数日で国民の目をソチから逸《そ》らすことに成功し、もっと深刻な国民的問題――クリミアの併合に目を向けさせたのである。

バルセロナとソチの違いはあまりにも明白だ。バルセロナにとって、オリンピックは既存の都市計画のためにあった。一方、ソチにとっては、都市計画がオリンピックのためにあった。バルセロナには観光地としての底知れないポテンシャルがあった。しかしソチのポテンシャルは、ほぼ確実に使い切られようとしていた。バルセロナは、既存のインフラを最大限に活用して、なるべく外部から資金を取り込もうとした。ソチは、まさにすべてをゼロから作り上げ、財源の大部分は公的資金からまかなった。バルセロナの政府は賢く効率的だった。ソチの政府は無責任で腐敗していた。１９９２年大会と２０１４年大会の経済的成果の違いは、こうした根底的事実を反映したものである。

第六章

リオとロンドンに見る経済的効果

ロンドンは直近の夏季オリンピックを開催した国であり、リオデジャネイロは2016年夏季オリンピックの開催地となっている。リオとロンドンの違いは、いくつもの側面で見られる。経済発展の度合い、プランニングと目標、行政のスタイルと効率性、そして地元住民の大会支持率などである。

2016年リオデジャネイロの混乱

オリンピックはたった17日間だというのに、その運営は複雑だ。夏季オリンピックの場合、参加選手だけで1万5000名に上る、数十競技の大会だ。リオデジャネイロ大会では競技時間は延べ5000時間におよぶと予想されている。多くの観光客や交通がひとつの都市に集まってくる。

もちろん様々な問題が生じている。オリンピック・パークでは、2500名の建築作業員が2014年4月に数週間にわたりストライキを起こした。ちょうどその頃、リオデジャネイロへ視察に訪れていたIOCの委員たちは、歴代で最もスケジュールが遅れていると発言した。IOCは異例の策を講じ、大会へ向けた最後の2年間、様々な建設プロジェクトの進行を監督する専門チームを派遣した。なかでも問題なのが、ゴルフ競技の開催予定地であるバーハ・

ダ・チジュカで、環境破壊問題の影響を受け、２０１４年６月時点でいまだに芝生が植えられておらず、適切なコースを用意するためには少なくとも２年以上が必要だと言われている［★1］。

グアナバラ湾は、セーリングや水上競技の開催予定地となっているが、ブラジルの甘い基準に比べても水質汚染のレベルがかなり高く、さらにリオデジャネイロ州の環境長官カルロス・フランシスコ・ポルティーニョによると、もはやリオデジャネイロがＩＯＣに約束した基準まで水質汚染のレベルを下げることは不可能だという。ポルティーニョがブラジルのスポーツ省のアルド・レベロに送った２０１４年５月の文書には、たとえ汚染削減のために要求した７０００万ドルがすぐに割りあてられたとしても、グアナバラ湾の汚染レベルを大きく下げるには少なくとも10年以上はかかると記されている。さらに各スポーツ連盟のいくつかは、この水質が選手たちにとって有害であり、肝炎などに感染する危険があるのではないかと懸念を表明した。コレラや赤痢などの伝染病の不安もある［★2］。また、新バスケットボール場建設の遅れに不満を抱いた国際バスケットボール連盟のトップは、バスケット競技を約４４０キロ離れたサンパウロの会場で行う可能性を模索し始めた。

ブラジルの雑誌『Colectiva』のインタビューで、ブラジルの著名なジャーナリストであり、テレビパーソナリティであり、サッカー解説者でもあるジュカ・クフォウリは次のように語った。

［オリンピック開催は］まったく理にかなったものじゃない。スポーツ省も認めている通り、この国にはスポーツに対する方針などないのだから。これでは本末転倒だ。スポーツは人々の健康や、病気の予防に貢献するものとして扱われるべきだ。WHOによると、人々が民主化や大衆スポーツに1ドルを投じると、保険医療のコストが3ドル下がるという。（中略）私が懸念しているのは、オリンピックがパンアメリカン競技大会（北中米、南米、カリブ海の国々が参加する4年に1度の総合競技大会）の大失敗に加担した者たちの手で運営されていることだ。オリンピックは失敗しないと信じられる根拠はひとつもない。さらに予想のおよそ10倍以上の税金が使われたことも忘れてはならない。4億ドルと言われていたのが40億ドル近くになった一方、リオデジャネイロの街には何の遺産も残らない。約束されていたグアナバラ湾の水質改善は果たされていない。ロドリゴ・デ・フレイタス湖の水質汚

染も改善されなかった。パンアメリカン競技大会の選手村からアントニオ・カルロス・ジョビン国際空港への地下鉄も建設されなかった。（中略）マリア・レンク海浜公園も自転車競技場も決して完璧なものではない（中略）私は支出先が不透明であること、そしてリオデジャネイロの街に約束された遺産形成に対して懸念を抱いている。私たちはいま、軍までもが出動して貧民街の人々が不法に、彼らの家、仕事、子供の学校やすべてのものから遠くに追いやられているのを目にしている。［★3］

リオデジャネイロの壮大なプランの進行ペースは牛歩である。IOCは繰り返し懸念を表明している。2014年5月に行われた3日間の視察の後、IOCの代表団は慎重な言い方で次のような評価を下した。「いくつかの施設では試験運用や大会に向けた建設に遅れが生じており、これ以上の遅れの余地は一切残されていない」。翌月、IOC副会長のジョン・コーツは「正直に言うと、我々は大きな懸念を抱き始めている。本当にあらゆる面で彼らの準備は整っていない」と語った。［★4］

オリンピックへ向けたプランには、バルセロナ大会に倣って定めたリオデジヤネイロの4つの区画［★5］でのスポーツ施設の拡充、バス高速輸送システム（BRT）の車道整備、地下鉄の開通、港湾の浄化、新ゴルフ場建設、バーハ・ダ・チジュカでの選手村建設、新たな下水処理システムの導入、公園の新設、空港の改修、博物館の建設など、大掛かりな建設計画が盛り込まれている。選手村には3600のマンションが構えられ、開催後にはすべてが高級住宅として使用される予定だ。新たな交通網のほとんどは空港からホテル地区へ、ホテル地区からオリンピック会場へ（例えばイパネマビーチからバーハ・ダ・チジュカへ）、あるいは会場同士をつなぐものになるという。それらは地元住民のニーズや都市の経済発展から外れたもの、あるいはまったく関係ないもののようである。

さらに、4つのオリンピック会場をつなぐ予定の道路トランスオリンピカも住民や環境に負担を強いるものとなっている。6億3400万ドルが費やされるこの道路の総延長は23キロになり、道路建設は少なくとも875家庭の立ち退きを強いることになると言われている。さらに環境にも大きな打撃がある。最大規模の保全地区のひとつであり、ブラジル都市部最大の公園でもある低木地20万平方メートルが破壊されてしまう。該当する住民たちは2キロほど離れた場所に移り住むことになるが、新しいアパートは現在の家よりも遥かに質が劣ると不満を募らせている。62歳の女性はリオデジャネイロの新聞に次のように語った。「私の家には3つの寝室、3つの浴室、キッチン、リビング、そして自分の作業用の部屋があります。でも提供されたアパートはとても狭い（中略）。きっと私たちに立ち退いてほしいんでしょうけど、私は移りたくない」［★6］

そうしているあいだにも、リオデジャネイロ大会のコストは爆発的に増えている。当初の予算はおよそ144億ドルだったが、2015年7月時点で、総額はすでに200億ドルに達し、あと1年で予算超過はさらに進んでいくだろう［★7］。2016年大会とブラジルの経済的・政治的問題についてはまとめでも触れる。

評価

オリンピック開催によるリオデジャネイロへの経済的効果を統計的に評価するにはまだ早すぎる。しかし経済的成功が起こり得ないと予想できる要因については、いまからでも検討が可能だろう。

クリストファー・ガフニーは悲観的で批判的な見解を示している。

２００９年10月に２０１６年大会の開催地に決まってからというもの、オリンピック関連プロジェクトを含めた修正最終案を推し進めている。(中略) オリンピック関連プロジェクトを実行するために都市部を「柔軟化」する行政命令の数々が出されたことによって、場あたり的な最終案の修正が行われた。こうした場あたり的な方針がリオに芽生えたばかりの民主主義組織の意義を弱め、都市計画プロセスへの民間の参加を減少させてしまった。[★8]

成長するか、しないか。より平等になるか、否か。より民主的になるか、どうか。その答えは未来だけが知っている。

ロンドンが見せた野心

２０１２年にロンドンで行われたオリンピックは、いくつかの点で他の大会とは一線を画した。最大の特徴は、遺産《レガシー》形成に対するプランニングがこれまでのどの大会よりも詳細で野心的だったことだ。その中心的な目標は、元気のなかったイーストロンドンの5つの地区――ニューアム、ハックニー、タワーハムレッツ、ウォルサム・フォレスト、そしてグリニッジを再び活性化すること。それぞれ事情は違えど、各地区は比較的若い層とマイノリティの人口が増え、社会的剝奪の度合いが高い（雇用、収入、健康、技術、教育、住宅、犯罪、そして特定の生活環境が劣悪な状態にある）。

19世紀、そして20世紀の大半において、イーストロンドンは製造業の中心地であり、ロンドンの波止場だった。そのため、ロンドンの西に比べ住民には労働者階級や貧しい人間が多かった。しかし１９７０年代から80年代にかけ、労働問題や技術革新が起き、波止場は閉鎖され、イーストロンドンは失業者の著しい増加に陥る。１９８０年代後半にはすでに再開発計画が開始されており、新たな波止場《ドックランズ》の開発プロジェクトは、やがて１９９０年の広範なテムズ・ゲートウェイ構想［★9］の一部を為し、非営利団体や文化・芸術産業が家賃と物価の安さを求めて流入してくるようになった。不況と犯罪の多発に苦しむ地域に、わずかだが比較的裕福な人々も見られるようになった。大きな問題は、ロンドン中心部への公共交通機関の不足だった。

ロンドンがオリンピック・プランのなかで特に力を入れたのがイーストロン

ドンの5つの地区の再開発だった。しかし重要なのは、イーストロンドン開発は1990年代からすでに始まっていたという点だ。ロンドン・ドックランズ開発公社が1981年に設立され、約82万平方メートルにおよぶオフィスやホテルや商店やレストラン施設と8000の駐車場を開発する計画が立てられた。ドックランズ・ライト・レイルウェイと呼ばれる小型車両の鉄道だけが、中心部につながる公共交通機関だった。

1990年代後半までに、ドックランズ開発計画地域内のカナリー・ワーフに金融会社が集まり始め、次第に他の業種や高級住宅地も集まっていった。ドックランズ再開発についてのある調査では次のように指摘されている。「地元の意見を排除し、住民を裕福で若い職業人たちに一新した点に批判が集まっている。(中略)カナリー・ワーフのあるタワーハムレッツ区では、大きな人口の変動があった。(中略)1981年には公営住宅が85%、民間住宅が15%だったのに対し、2008年には60%近くが民間住宅になった」[★10]

ストラトフォード駅の改良や付近の住宅開発も、ロンドン・アンド・コンティネンタル・レイルウェイズが1997年に始めたプロジェクトの一環だった[★11]。このように、政府がオリンピック招致に乗り出すことを決定した20

03年の段階で、大規模な交通機関整備のプランと関連する開発プランはすでに着手されていたのである。

短期的な効果

2011年5月、ロンドンオリンピック組織委員会は経済効果を調査する機関を選定するために提案書の作成を企業に依頼することにした。提案を依頼した文書には、大会に際して国民からの大きな反発を予想するロンドンオリンピック組織委員会の懸念が記されていた。大会に必要なインフラ整備費や運営費には多額の税金が使用されるため、大会への反発を鎮めるような万全の調査を行っておくことにしたのである。最終的にコンサルティング会社グラントソントンが契約を勝ち取り、調査を行い、景気の大きな後押しになると結論づけた（調査には200万ドルが支払われたとも言われている）。最終回答の直前までこの調査に関わっていた経済学者のステファン・シマンスキーは、アメリカの国営ラジオでアリ・シャピロに対し「これは政治的文書だ。（中略）取り繕われたに等しい」と調査への注意を喚起し、さらにこう続けた。「この文書の勝ち誇った調子はとても不快になる。データが伝えてくることを反映してはいないのだから」［★

12]

入手可能な証拠を用いて検討してみよう。ロンドン・スクール・オブ・エコノミクスで住宅・コミュニティ部門を専門にするアン・パワー教授は、オリンピックの建設がイーストロンドンに与える影響を研究している。ニューアム地区には大会のメイン会場が建設された。地元に技能を持った労働者が少なく、大会に向けて生み出された数千の仕事のうちニューアムの住民たちが手にしたのはほんの一握りだった。住民の増加もあったため、ニューアムの失業率は２００５年から２０１２年にかけて42％上昇した。地区の犯罪はロンドンの平均に比べ50％も多かった。政府からの援助付きの家は２００５年から２０１２年にかけて減少した一方、オリンピックの再活性化構想により数千の家が排除され、手頃な値段のはずの選手村１３００の家も、ニューアムの多くの住民にとっては手の出せない金額だった[★13]。

ダン・ブラウンとステファン・シマンスキーはイーストロンドンの５つの地区の大会準備期間中の雇用の変化を調査し、ロンドンの他の地域の変化と比較した。すると、オリンピック関連の建設がほとんど、あるいはまったくなかった地域の方が雇用状況の好転が見られ、「雇用へのオリンピックの直接的効果は薄い」と結論づけた［★14］。

経済への直接的な効果はどうだろうか？　ＩＯＣが要求する「オリンピック・ファミリー」への優遇を行ったからといって経済的効果がある訳ではない。ＩＯＣはロンドンオリンピック組織委員会に対し、オリンピック・ファミリー専用のＶＩＰ車道約４００キロ、ＩＯＣの要人や関係者たち用の最高級五つ星ホテルの約２０００室、そしてスポンサーたち用の広告スペースの確保を求めていた。特にＩＯＣの「ブランド保護に関するテクニカル・マニュアル」には、「立候補都市はマーケティング計画を支援するために、大会期間中および大会前の１カ月間すべての広告看板、都市の交通機関の広告、空港の広告などの管理が必要となる」と記されている［★15］。

２０１０年以降の開催都市同様、ロンドンでも大会期間中はスポンサー企業や各国の参加者（選手、報道関係者、そして審判団など）は税金が免除された。元々ロンドンオリンピック組織委員会やＩＯＣなどの非営利組織はＩＯＣの要求する特別な税制優遇措置がなくても税金が免除されることが多い。そのため、先に挙げたような措置がロンドンやイギリスの経済にとってどれほどのコストになるか算出するのは簡単なことではない。ある調査では税金の免除による損失は１

億3000万ドルを超えるという［★16］。

これまで見てきたように、巨大スポーツイベントが主に貢献するのは大会期間中および長期的に観光を促進できるという点だ。2012年のロンドンの観光実績は芳しいものではない。2012年夏のロンドンの観光客数は2011年と比較して8％減少した。ホテル料金の上昇とオリンピックのチケット購入によって、観光客の消費の合計はわずかながら増加したと言われている。しかし、そうした増加の大部分はIOCやホテルチェーンの本社と分け合うもの、つまり多くがロンドンから外へと流れていった。タクシー、レストラン、博物館や劇場などロンドン中心部のビジネスは20％から40％の需要の減少があったとされている。オリンピックの混雑と高い料金を避けるために通常の観光客が離れていったばかりか、多くのロンドン市民が一時的に退避した［★17］。

大会前にセキュリティ上の混乱はあったものの、開催自体は円滑に進んだ［★18］。ロンドンオリンピック組織委員会の運営費は開会式および閉会式の1億8500万ドルを含め合計41億ドルだった（インフラや施設の整備費は含まれていない）［★19］。ロンドンオリンピック組織委員会の収支は予算内だったが、それは16億7000万の公的資金が注入されたからだった［★20］。

少なくとも大会に至るまで、国やロンドンの経済に純粋な利益は見受けられなかった。その一方で投資の金額はかさんでいった。他の巨大イベントと同様に、どこまでの投資を大会予算に含めるかどうかは、かなりの部分で主観に委ねられている。こっちのインフラ投資は大会にあまり関係がない、あっちの投資はまったく関係がない、といった風に。

私たちが知ることのできる数値は以下の通り。ロンドンが開催権を獲得した2005年、当初の推定予算総額は約50億ドルだった[★21]。英国会計監査院の報告書では、大会終了までのコスト総額は、税金89億2000万ポンドとロンドンオリンピック組織委員会からの24億1000万ポンドを含め、113億3000万ドルから約180億ドルだった[★22]。240億ポンド（約400億ドル）ものコストがかかったとする調査もある[★23]。実際、英国会計検査院による2012年12月の報告書には、「当初の見積もりは現実性を欠いている」と記されている[★24]。たとえ一番安く見積もっていたのだとしても、最終的には当初の予算の少なくとも3倍以上はかかっている。

このように、他の大会と同様、ロンドン大会も短期的には健全な経済投資だったとは言えない。投資の経済的な正当性を主張しようとするならば、長期的もしくは遺産的効果について考えなければならない。

しかしながら、ロンドンの主催者たちが早期に予算の不足分を修正していたことは賢明だった。２００７年までに、予算は修正され93億ポンドにまで引き上げられた。ここにロンドンオリンピック組織委員会の運営予算は含まれていないが、27億５０００万ポンドの予備費が含まれている〔★25〕。重要な点は、この予備費は基本予算の41・７％の割合を占め、実質的に全額が使用されたことだ。近年の立候補都市はこの予備費を低く見積もるようになってきている。例えば２０２４年大会に立候補したロサンゼルスは、予備費を予算の10％分にしか想定していない。

遺産の効果

ロンドンの「遺産《レガシー》」形成に対するプランは野心的だったが、現実的なプランだったかどうかについては多くの疑問が残る。２００５年、イギリスの外務大臣ジャック・ストローは２０１２年オリンピック開催地にロンドンが選出されたことに対し、議会で次のように発言した。

希望的観測に基づいたものだった。スポーツを讃えるだけでなく再活性化の原動力にする。そんな希望的観測に基づいて、ロンドンはオリンピック開催地に立候補した。オリンピックはロンドンで最も貧しく困窮した地域のひとつを変革するだろう。数えきれないほどの仕事と住宅が生み出される。近隣地域やロンドン全体に新たなビジネスの機会が生み出される。（中略）そして若い世代にも2つの点で大きな影響がある。大会は健康やスポーツへの参加を大いに促進するだけでなく、競技に参加するほどの身体能力でなくとも、ボランティアとして力を発揮することができるのだ。

［★26］

「遺産《レガシー》」形成という目標には次のようなものが含まれる。

・イギリスを世界のスポーツ先進国家にする
・イーストロンドンの中心地を変革する
・ボランティアや運動や文化的活動への参加を通して若い世代を刺激する
・オリンピック・パークを「持続可能な暮らし」を体現するものにする［★27］
・創造的で、寛容で、生活や観光やビジネスに最適な場所としてのイギリスを

提示する
・海外からの投資を増やす

2012年12月の英国会計検査院による報告書では、「遺産《レガシー》」形成プロジェクトの実行費はおよそ14億ドルになると推定されている［★28］。この14億ドルは大会終了までに費やされた180億ドル超に加算される。

遺産形成をめぐる大きなプロジェクトのひとつが、オリンピック・スタジアムをウェストハム・ユナイテッドFCの本拠地へと変えることだった。スタジアムの改修は予想よりも複雑で費用がかさんだ。ひとつ目の理由は、オリンピック・スタジアムのデザインがサッカー場への改修を想定したものではなかったからである。つまり、フィールドと観客席を近くするために陸上トラックを取り除く必要があったのである。2つ目の理由は、オリンピック・スタジアムの規模がウェストハム・ユナイテッドFCにとって大きすぎたことだ。二階席は取り除かれ、収容人数は5万5000人ほどになった。そして当初の想定予算3億2300万ドルは税金から支払われることになっていた［★29］。

2014年9月初旬、改修費はさらに2500万ドル増え、今後さらに増加することもあり得るとスカイニュースが報じた［★30］。２０１５年８月の時点でスタジアム建設と改修には最終的に11億ドルが費やされたと言われている。その金額のうち、ウェストハムＦＣが支払ったのは２３１０万ドル、総額のおよそ２％である。ウェストハムＦＣはさらなる恩恵も受けている。ロンドン・レガシー開発公社（税金で支えられた組織）がスタジアムの運営費として３８０万ドルを援助すると言われているからだ（「スタジアムの水道光熱費、セキュリティ費、フィールドの維持費、さらにゴールポストやコーナーフラッグ代」までを含む）。ウェストハムＦＣは年の賃料３１０万ドルを支払うため、運営費の援助と相殺すると、年に70万ドルが純粋に政府からの支援金としてクラブに入ることになる［★31］。

ハックニー地区は大会が行われたイーストロンドンの５つの地区のひとつだ。オリンピック・パークのすぐ西、ロンドン中心地から東に８キロの位置にある。２０１４年２月、アメリカの週刊誌『スポーツ・イラストレイテッド』は７億３５００万ドルをかけたオリンピック・スタジアムに程近いハックニー・ウィックのコミュニティ・センターの特集記事を掲載した［★32］。この地域は１９７０年代に閉鎖されたピーナッツ工場があった場所だった。その他の製造会社も閉鎖され、街には使われていない工場が残された。時とともに、これらの多くがアーティストの作業場になっていき、まだ所得の低い駆け出しアーティストや職人たちのコミュニティが形成されていった。

２００５年にオリンピックの計画立案者たちがこの地を訪れたとき、彼らは劇的な経済回復を約束した。コミュニティ・センターはオリンピックの観光客を見込んでカフェ開設や人員増強に力を入れた。しかし２０１４年2月の時点で、地元の経済には家賃の高騰以外ほとんど変化がなかった。メインの地下鉄駅ストラトフォードはパークの東側、ニューアム地区にあった。ハックニーには徒歩以外の移動手段はほとんどなかった。しかも、予定されていた投資の多くは、税金の不足と民間企業の投資への関心の薄さから決して実行に移されることはなかった。

H・フォーマン&サンのスモークサーモン工場を所有するランス・フォーマンは、次のように語っている。「人々はイーストロンドンの変革を目にすることはなかった。オリンピック・パーク建設は率直に言って月の上の出来事のようだった。機会を台無しにしてしまった。政府はオリンピック・パークが多くのビジネスチャンスをもたらしたと言う。しかし私からすれば、あれは大きな失敗だ」［★33］

イーストロンドンの再開発プランは、1万2000戸の新築住宅と1万の仕事を生み出す予定だった［★34］。しかし新築住宅の数は2013年半ばに8000戸へと下方修正された。2014年春の時点で、選手村の住居への転換はいまだに完了していない［★35］。

選手村は10億ポンド（約17億ドル）のコストが想定され、オーストラリアの建設マネジメント会社レンドリースが資金を捻出することになっていた（ロンドンのオリンピック会場建設委員会のトップは2011年2月までレンドリースのCEOを務めていた）。しかし2008年の金融危機を受けてレンドリースは手を引き、選手村は税金でまかなわれることとなった。2011年8月、選手村はカタール王室が所有する不動産会社に2億7500万ポンド（約4億6000万ドル）で売却され、結果的に納税者たちの損失は10億ドル以上になった［★36］。

さらに、手頃な価格の住宅（家賃の市場価格の30％引き）への取り組みも減少していった。少し長くなるが、イーストロンドン大学の経済学教授で、ロンドン大会を研究するギャヴィン・ポインターの言葉は引用するに値するだろう。

ロンドン市長の「ファーストステップ」プログラムの一環として、例えばロンドン地区の公営住宅の居住者は選手村への移住に応募することができた。移住すれば市場価格の30％の割引が保証されるはずだったが、そのためには定職を持っていることや、その他様々な基準を満たさなければならなかった。（中略）しかし、選手村を含むオリンピック・パークの開発が進むにつれ、そうした思惑は勢いを失っていった。最初の複合コミュニティ「チョバム・マナー」は25％が安価な住宅で、これは元々想定していた割合から10％低いものである。そして２０２０年代にかけて開発されるその他の地域は、このレベルにすら達することが難しそうだ。都市の社会的・公共的遺産形成が勢いを弱める一方、商業は発展し続けている［★37］。

オリンピックが行われた東部の選手村地域は、交通の結節点であるストラトフォードを中心に高層ビルが建ち並び、人口が集中する高価な地域となっている。安価な住宅の建設というビジョンは後退した。開発者たちが自らの計画を推し進めるにつれ、公営住宅や公共空間への投資の見返りが低くなっていった。特にオリンピック・パークの南側や周辺地帯の開発にその傾向が見られた。２０１２年以降の民間からの投資の大幅な減少により（ロンドン・ドックランズ開発公社の想定金額には遥かにおよばなかった）、地元住民のニーズに基づく社会変革は夢と消えた。野心的な都市開発計画を行う資金が不足したこと、そして低所得者や失業者たちへの住宅補助を政府が制限したために住宅の購入や賃貸が彼らの手の届かないものになったこと、そして海外の投資家たちの活動によって、オリンピック・パークやその周辺地域のような象徴的な場所の賃料や不動産価格がつり上がったことなどから開発の効果は薄まっている［★38］。

他にも、巨大イベント開催に共通する問題として、オリンピックの立候補や招致活動に非営利組織の資金が使われる点がある。イギリスの慈善団体社会改革連盟によると、政府は２０１２年大会の財源確保のため宝くじの非営利法人に渡されるはずの６億６５００万ドルを転用したという。政府は２０３０年までにこれを補塡《ほてん》すると言っているが、社会改革連盟は即時の支払いを要求している［★39］。

その他の遺産形成についてはどうだろうか？

目標のひとつはロンドンの緑化の促進だった。大会関連施設からの二酸化炭素排出量は通常の基準以下に減らすことができたが、目標としていた数値に達することはなかった。例えば、選手村の電力の20％は新しいエネルギー源からまかなうと公約していたが、『ニューヨーク・タイムズ』によると大会期間中の割合は９％ほどだった［★40］。

オリンピックでスポーツ人口は増えない⁉

イギリスをスポーツ先進国家にし、人々の運動への参加を促すことも目標だった。これは当初から見通しが明るいものではなかった。スポーツ省などの諮問組織「スポーツ・イングランド」が２０１３年６月に発表したスポーツ参加者数を見ると、２０１２年大会のわずか１年後に29種目のうち20種で成人参加者が減少していた（２０１２年４月と２０１３年４月の比較）。週に１度30分以上運動をする人は10万人減少して１５３万人となり、10月からの比較ではさらに20万人の減少となった。週に３度運動をする人の数も減少している［★41］。２０１４年６月の調査では、２０１３年４月から２０１４年４月にかけて国全体ではわずかに増加したが、ロンドンでは減少しており、都市ではオリンピックの効果というものは見られない［★42］。このネガティブな傾向は２０１４年10月から２０１５年３月の半年間でも続き、国全体で22万２０００人が定期的な運動を止めている［★43］。ロンドンとイギリスは目標を達成できていないと言えるだろう。イギリスの国家機関である文化・メディア・スポーツ省が行った２００７年の調査では「オリンピックによって運動への継続的な参加が増加したという直接的な効果はどの開催国にも見られない」と結論づけられている［★44］。

新しい仕事を生み、貧困を減らすというイーストロンドン再活性化の目標も苦戦を強いられている。低所得者たちを追い出し、高所得者たちを連れて来て土地柄を変化させる、といった事態がいつでも起こり得る。こうした高級化は、イーストロンドンに大量の資金を投じる限りある程度は避けられないことだ。しかしこうしたプロセスは、富を生み出すのではなく、単に富の所在を移し替えているだけなのだ。

イーストロンドンは不要なスタジアムを得た、不要な四つ星や五つ星のホテルを得た、不要な高層高級住宅を得た。大会によってイーストロンドンにもたらされた変化について、ギャヴィン・ポインターはそう語っている。さらに低所得者のためのものはほとんどなかったとも指摘している。

２０１２年ロンドン大会の主催者たちは海外からの投資が増加するとも主張していた。とりわけ、大会数週間前に開かれた会議では16の海外企業がイギリスでの新たな開発に携わっていると誇らしげに語った。もしこれが本当だったとしたら、2013年の海外からの投資額は上昇したはずだ。しかし実際は9億ポンドも落ち込んだ。さらに重要なことに、金融危機直前の3年間には（2005年から2007年）、イギリスへの海外からの直接投資は年平均で916億ポンドだったものの、2012年と2013年は、年平均が半分以下の441億5000万ポンドとなっている。

ロンドン大会の効果について明確な判断を下すには早すぎるが、いくつかの点を指摘することは可能だろう。

①ロンドンは2012年大会に向けて遺産形成プロジェクトに力を注ぎ、低所得で、社会から受け入れられず、犯罪率の高い地域の再開発という大胆な試みに着手した。ロンドンの立案者たちは大会が終わっても遺産形成プロジェクトへの関心が集まるような行政的継続性も持ち合わせていた。こうした点は確かに賞賛するべき側面だろう。しかしプランのコンセプトの弱さと、実行に移す財源の不足が問題になっているようだ。

②立候補のためにプランが作成されてから大会までに11年かそれ以上の時間

があること。たとえ建設費を民間からまかなえる目処がついていたとしても、金融市場が突然障害として立ちはだかる可能性が往々にしてあることを想定しておくことが大切だ。イーストロンドンのケースで言えば、低い賃金や物価は、初期の政府の政策と歩調を合わせ、すでにその地域の社会経済環境を変え始めていた。こうした変化を理解し、取り込むことができる理性的な開発プランが求められる。

　数々の問題があるにもかかわらず、２０１２年のロンドン大会は宣伝活動の企画と実行には大いに成功した。セバスチャン・コーと彼のチームは、ロンドン大会の見かけ上の成功を何度も高らかに宣言し、メディアも大会を概ねポジティブなものとして扱った。グラントソントンによる経済効果の報告書は、事実とはずいぶん異なるものであれど、成功の雰囲気を後押しするものとなった。イーストロンドンに住む低所得者たちが、この公式に謳われた成功を享受する日が来るのを祈るのみだ。

第七章

パンか？　サーカスか？

ここまで述べてきたようにオリンピックの開催は経済発展を後押しするという毎年繰り返される主張には、実証的な裏付けはほとんどない。

短期的に見ると、開催の莫大なコストは大会でもたらされる些細な収入で埋め合わせられるものではない。もし利益というものがあるとすれば、それは長期的な視点で実現されるものだ。しかしそうした長期的・遺産的な利益すら、あるかどうかは疑わしい。遺産形成による利益とされるものの大半は質的に測られるものであり、量的に測れるものも範囲とする時間の幅がかなり長く、大会の数週間や事前の準備段階にまで遡って効果を測定することは難しい。

そして多くの場合、大会最大の遺産といえば建設に何十億ドルもかかり、年間の維持費に数百万ドルもかかる使用用途のなくなったスタジアムであり、返済に10年から30年はかかる巨額の負債だ。

経済効果測定の難しさ

利益の出る分野が特定できたとしても、経済効果を測定するには、大会への投資の規模だけでなく、土地の機会費用や大会のプランニング、そして実行に身を投じた人材の機会費用まで考慮しなければならない。開催都市は希少な土地の最善な長期的使用法を見極めなくてはならない。現在は活用されておらず、数年先まで何の展望もない荒れ地でも、この先30年かそれ以上使う見通しでスタジアムを建ててしまうと、5年後か10年後により生産的な使用法が判明しても、すぐにはどうすることもできなくなってしまう。

さて、オリンピック開催は赤字になるという指摘に対する最も大きな反論のひとつが、インフラ整備にかかる費用の多くは都市や国の長期的な発展を支えるという主張だ。これは論理的には正しく、また現実にも正しいと言えるかもしれないが、それを実現するにはかなり綿密で賢明なプランニングが必要であり、大抵はそのようなプランニングができない。

１９９２年夏季大会を開催したバルセロナは確かに綿密なプランを持っていた。しかしバルセロナの再構想プランはフランコ体制が終結した１９７５年からすでに始まっているものだった。当時のカタルーニャ地方はフランコ政権下ではほとんど無視されていた地域で、バルセロナは無秩序な産業発展の影響で何十年も苦しんでいた。そんな無秩序な発展の結果、この港町の人々は工場や、倉庫や、鉄道によって地中海へのアクセスを閉ざされてしまっていた。そこに交通機関の不足や未成熟なインフラが相まって、偉大な建築や、文化的歴史や、心地よい気候や、絶好のロケーションで輝かしい観光地になる可能性を秘めていたにもかかわらず、バルセロナは多くの観光客にとって二の次の目的地となっていた。

新政府はバルセロナ全体を変貌させるマスタープランを1970年代後半に描き始め、1980年代前半を通して精査していた。オリンピック開催より先に都市計画プランが存在しており、オリンピックはそのプランを実行へと後押しするものだと見なされていた。バルセロナがオリンピックを利用したのであって、オリンピックがバルセロナを利用したのではなかった。

もし他の都市がバルセロナを真似ることができれば――多くの都市が試み、失敗しているが――本書で指摘してきた問題も軽減されるだろうし、問題自体を避けられることだってあるかもしれない。難しいのは、バルセロナの成功の要因となった複合的な要素が、いまはどこにも見受けられないことだ。さらに各国の政治システムのせいで効率的に長期的なプランを立てることがますます難しくなってきている。

1984年のロサンゼルスもまた、希望を投げかけた例だ。しかしロサンゼルスの目的はバルセロナとはずいぶん違った。1968年メキシコシティ大会から１９７６年モントリオール大会にかけて、オリンピック開催はネガティブなイメージを持つようになっていった。１９８４年夏季大会開催地の選考時に、立候補していたのはロサンゼルスだけだった。そのためＩＯＣは影響力を持たず、ロサンゼルスとピーター・ユベロス（ロサンゼルスの大会組織委員長）は競合相手がいない利点を存分に活かした。ロサンゼルスは通例を退け、大会に税金を使用しないこと、そして赤字が出た際はアメリカ・オリンピック委員会とＩＯＣが補塡することを認めさせたのである。主な施設は１９３２年大会時のものが使用できたため、ＩＯＣは小さな施設用の最低限の予算を承認し、ユベロスはそれらの資金を民間企業から調達した。ユベロスはオリンピックの企業協賛制度も利益の出るものに見直した。加えて、１９８０年代は選手やコーチたちの滞在先として大学の寮の使用が許可されていた。ロサンゼルスは南カリフォルニア大学とカリフォルニア大学ロサンゼルス校の寮を使用し、結果的に数十億ドルにもなる選手村建設費用を抑えることができた。最終利益は２億１５００万ドルとなり、オリンピック開催に新しくポジティブなイメージが芽生えた。とは言うものの、経済学者ロブ・バーデとヴィクター・マシソンによる計量経済分析によると、ロサンゼルス大会は都市の長期的な雇用の増加には何ら効果を与えなかったという［★1］。

1984年以降から近年にかけて、オリンピック招致をめぐる競争は激しくなってきている。コストは上昇を続け、プランは不充分なものであり続けている。直接的な経済効果はゼロかマイナスに等しいため、開催にあたっての「機会費用」を考えることも重要である。

機会費用で重要な要素のひとつが土地の使用法だ。近代のオリンピックは巨大なイベントである。IOCのガイドラインでは、競技場だけで最低およそ6・7平方キロメートルの合計設置面積が定められている。バルセロナのような小さな都市で言えば、この面積は都市の7％ほどに相当する。式典の緑地や、大規模な公共空間、駐車場、交通機関、そして通信施設も含めると、必要な面積は4倍にも達する。北京では2008年大会で34平方キロメートルもの土地が使われたとも言われた［★2］。このような大きな数値が示唆しているのは、夏季オリンピックの開催にはかなりの機会費用（開催によって失われた別の選択の機会および利益）があるということだ。

もしロンドンがイーストロンドンにオリンピック・パークを建設するのではなく、その資金を住宅補助や、工芸・小売産業の税額控除や、技能教育などへの援助に費やしていたら、開催地一帯の雇用はいまのような惨状だっただろうか？ 何かをすれば何かが失われる、そうした類いの議論には終わりがない。

現代ではどこでも、これ以上の開発プロジェクトの資金を確保するのは不可能だと語られる。民主主義の国々では政治的膠着状態や政党政治によって、資金の割りあては遅々として進まないが、どういう訳かオリンピックの開催となると政治の停滞が解消する。皮肉なのは、政策決定のプロセスに手間のかかる国々では、それが障害となってオリンピックの開催がないときの生産的な開発プロジェクトが妨げられるだけでなく、巨大イベントが開催される際の効率的なプランの実行まで妨げられてしまうことだ。独裁的な国々では、そうした障害はあまり問題にならないが、ねじれた意思決定が行われる点では共通している。

民主的な国であれ、独裁的な国であれ、こうした大会では地元のビジネスエリートたちの利益を守るようなプランニングになる傾向がある。建設会社、その労働組合（もしあれば）、保険会社、建築事務所、メディア企業、投資銀行家、弁護士、ホテルやレストラン業界などの利益がオリンピックのプロジェクトの裏に潜んでいる。彼らはすべて、巨額の税金から利益を得ることになる。多くの場合、こうした利害関係者たちが都市のオリンピック組織委員会の席を占め、言うことを聞くコンサルティング会社を雇い、かりそめの経済効果調査を行わせ、コストを少なく、収入を多く見積もって、政治的合意を取りつける。

オリンピックに向けた大掛かりな建設による短期的な雇用の増加は必ず起こる。問題は2点だ。

①政府は借り入れた資金を数十年がかりで返済していかねばならず、それによって他の政府プロジェクトへの資金や雇用を減らしてしまうこと。

②何千もの労働者を地域外、大抵国外から招き入れ、ほんのわずかな金額しか支払わないこと。さらに、大会後はスタジアムや、スキー場や、ゴルフコースや、交通網は、高所得者たちの消費活動に使われる。巨大スポーツイベントの開催は、結局のところ、既存の権力構造や格差の構造を強化する傾向にあるのだ。

招致プロセスで利益を失う

既存の権力構造が招致プロセスにも影響を与えるという事実もまた、好ましくない点である。以下の定型化した招致プロセスを見てみよう。3つのケースのすべてで、開催権の独占提供者がいる。

ケース1

・完全情報＋健全なプリンシパル・エージェント関係
・結果：想定した純利益が得られる

このケースは、ＩＯＣが立候補地についての完全な情報を持ち、各立候補地も自身の予算と競合相手の予算についての完全な情報を持つときのことを指す。加えて、プリンシパル・エージェント問題がないことを想定している。それはつまり、都市や国を代表する組織（エージェント／代理人）が地元住民（プリンシパル／依頼人）の利益を最優先している状態のことを言う。当地の大会組織委員会が住民たちのエージェントである。完全情報が前提であるため、各立候補地が開催による潜在的利益を把握し、想定される利益がゼロにならない限り立候補を止めない（理論上、各立候補地が他の開催地の見積もりについても知っている場合、二番目に高い見積もりよりも少しだけ高い金額に設定し、利益の余地を残しておこうとする）。開催による利益全体がゼロに近づき、加えて開催による高揚効果がある場合、結果的に経済にはマイナスの影響が出ることになる。なぜなら、開催地は高揚した雰囲気を消さないために資金を投入せざるを得ず、結局大会による利益はゼロになってしまうからだ[★3]。ケース1は招致を行う都市や国にとっては最も好ましいケースだ。そしてまた3つのケースのうち一番非現実的なものである。

ケース2

・不完全情報＋健全なプリンシパル・エージェント関係
・結果：「勝者の呪い」と純損失

ケース1とケース2の違いは情報が完全であるかどうかだけだが、情報が不完全なケース2の方が現実に近い。つまり、各立候補地は招致の段階では開催の潜在的な利益やコストが分からない状態だ。こうした場合、開催地は通常、最も資金が豊富な国に決まる。他の立候補地よりも高く見積もるだけでなく、大抵潜在的な利益よりも高いコストの予算案を提示できるからだ。その結果が「勝者の呪い」として知られる。そのため大会組織委員会（エージェント）が地元住民（プリンシパル）の利益を最優先しているときであっても、純損失が生まれてしまう。

ケース3

・不完全情報＋プリンシパル・エージェント問題（情報の非対称）
・結果：見積もりの途方もない上昇

このケースはプリンシパルがエージェントを監視できない状態（情報に非対称がある状態）を指し、これはより現実に近い。どういうことかと言えば、エージェントである地元の大会組織委員会が、プリンシパル以外の利害関係者たちに操られている状態のことだ。不完全情報は各立候補都市の予算の高騰につながる。想定される結果はコスト超過による大幅な損失である。

影響力のサイクル

ここまでの議論は、ある暗黙の前提に基づいている。つまり、よいもの（オリンピックの開催権）が競りに出されているという前提だ。しかしオリンピックが常によいものとして競りに出されている訳ではないことは、１９８４年夏季オリンピックに立候補したのが1都市しかなかったことなどからも分かる。実際、独占者（「よいもの」やサービスの唯一の提供者）は、皆から求められるよいものを生み出さない限り、独占の状況を活かすことはできない。仮に私がファーストフードのチェーン店を開き、ゴムでできたハンバーガーを販売したとする。確かに私はゴムハンバーガーの唯一の提供者になるかもしれないが、市場での力や影響力を持てる可能性はない。

代わりに、もし私が牛肉でできた食用のハンバーガーを作り、もしバーガーキングや、マクドナルドや、ウェンディーズなどの同業者が事業を止めた場合、私は好きなように値段をつり上げて儲けられると思うかもしれない。しかしそうはできない。こちらが独占提供するものであっても、値段は顧客の需要に付随するものだからだ。価格が高いと（例えば、7ドルのハンバーガーだと）、顧客は他のファーストフードの選択肢、例えばタコベルや、ケンタッキー・フライドチキンや、コンビニのサンドイッチを選んでしまう。

ＩＯＣは市場での影響力を持っており、そのおかげで多くの立候補都市が殺到する。ところが、もしＩＯＣが強行策に出すぎたり、開催地が続けて悲惨な状況に陥ったりしたら、招致への需要は低下し、ＩＯＣは影響力を失う［★4］。アトランタや、シドニーや、ソルトレイクシティや、アテネなどでは計算違いで済んだような損失が、北京、ソチではあとあとまで影響の出る失敗となった［★5］。近年のオリンピック開催にはネガティブな話題が多く、開催の需要が減ってきている。

現在のＩＯＣは悪い兆しを目にしているようだ。表２―３（56ページ）はそれを裏付ける数値である。２００1年以降夏季と冬季オリンピックへの立候補数は減り続けている。夏季オリンピックの過去五大会では、立候補数は２００４年の12都市から、２０２０年大会までに10都市、９都市、７都市、５都市と減少を続けた。冬季オリンピックへの立候補も２００２年の９都市から２０１８年の３都市に減少している。

２０１４年には２０２２年冬季オリンピック招致活動に大きなブレーキがかかった。住民からの支持が得られず、クラクフ、ストックホルム、ミュンヘン、リヴィウなどの都市が２０１３年から２０１４年にかけて立候補を断念したのだ。ノルウェー政府は、膨大なコストを懸念し、オスロの立候補への支援を拒否した。そして最終的にカザフスタンのアルトマイと中国の北京という権威主義的な国の2都市しか残らず、ＩＯＣは苦渋の選択を迫られることとなった。アルトマイは巨大スポーツイベントの開催経験がなく、資金に乏しく、人権問題を抱えており、北京も環境・水質汚染や、スキー場への移動距離、人権問題を抱えていた。奇しくも、２０１２年にオランダ政府は調査のなかで、将来的に非民主国家だけがオリンピックを開催するようになるだろうと指摘していた。なぜなら、そうした国家だけが「大会開催に向けて権力と資金を中央に集める」ことができるからだ［★6］。

ノルウェーの政府が支援を取り下げる前の段階で、ＩＯＣがオスロを候補都市に選出していた点も注目に値する。ＩＯＣの厳格な選考基準のひとつに、地元住民からの高い支持率という項目がある。ノルウェーとオスロはこの基準を満たしていなかった。２０１４年3月の調査では、59・２％のノルウェー国民と55・８％のオスロ市民が立候補に反対していた。ＩＯＣへの風向きは変わりつつあったのである［★7］。

ＩＯＣもこの問題をよく認識している。２０１４年6月、オーストリア、ドイツ、スウェーデン、そしてスイスの国内オリンピック委員会は「オリンピック・アジェンダ２０２０：立候補の経験」と題した調査を行い、次のように報告している。

スイスとドイツでは、反対票53％で立候補を否決し、スウェーデン政府は立候補への支援をしない決定を下し、オーストリアでの反対票は73％にも上った。（中略）クラクフでも住民投票で70％が立候補に反対した。
これらヨーロッパの国々でオリンピックへの立候補の何が問題とされているのか？ これら4カ国の反対理由は極めて似通っている。国民や政府は立候補および開催にかかるコストの高さ、特にソチ大会で見られたような開催決定後のコストの上昇に不安を抱き、人権や持続可能性の問題も懸念しているようだ。［★8］

パリ市長アンヌ・イダルゴも2024年夏季オリンピックへの立候補を問われた際に、似たような懸念を表明している。「私はスポーツを愛しています。大会を愛しています。オリンピックが社会や都市に何をもたらしてくれるかも承知しています。（中略）しかし現在は、財政や予算に制限があるため、立候補を支持すると言うことはできません。パリ市民が私に期待しているのは、住宅、公共サービス、公平性、経済的安定をもたらすことです」［★9］（政治的圧力に加え、高額なオリンピック会場を新設する必要がないことを保証されたため、イダルゴ市長はやがて方針を転換し、パリは2024年夏季大会に立候補することとなった）。

南アフリカとブラジルで労働者ストライキや住民による抗議活動が起きたよ

うに、同様の抗議が予想されるのはパリだけではない。２０２０年夏季東京大会への浪費に反対し、２０１４年に日本でも抗議活動が起きた。２０１４年７月の街頭デモでは、21億ドルをかけるスタジアム建設（当初の建設費から50％も削減）は環境を損ねる金の無駄遣いだと批判された。抗議者たちはスタジアムの新設ではなく、１９６４年大会時に建てられたスタジアムの改修を求めた。ＩＯＣの副会長ジョン・コーツはこれ以上の会場プランの変更はＩＯＣが承認しない限り認められないと回答した［★10］。

２０１３年９月にトーマス・バッハがジャック・ロゲに代わりＩＯＣの会長となってから、最初に取りかかったプロジェクトのひとつが世界各地を回って今後の大会への招致に関心を持ってもらうことだった。ＩＯＣはあなたの都市の招致活動を大いに歓迎する、というのがどの都市に対しても共通するメッセージだった。その後、バッハはＩＯＣから見て望ましい招致プロセスへと軌道を戻すための改革を続けた。この点については本章の後半とまとめで触れる。

解決策はあるのか？

上からの改革

２０１４年６月10日、アメリカ・オリンピック委員会はマサチューセッツ州ケンブリッジのマサチューセッツ工科大学で四半期会議を開いた。そこでは２０２４年夏季大会への立候補都市の選出に向けた最終候補都市を発表することが予想されていた。２０１３年２月に、アメリカ・オリンピック委員会は50の都市に立候補を打診する文書を送っていた。アメリカでは、国内での選考過程に１０００万ドルもの費用がかかることも珍しくない。

しかしアメリカ・オリンピック委員会の会長ラリー・プロブストは最終候補都市の発表を行わなかった。代わりに、２０１２年夏季大会と２０１６年夏季大会でアメリカが招致に敗れたことを指摘し（ニューヨークとシカゴ）、プロブストはＩＯＣが選考過程をどのように見直すか確認してから最終候補地を発表すると語った。それはどこか、次の開催地がアメリカにならないのであれば立候補しないという脅しのようでもあった。

ＩＯＣにはアメリカを開催地にしようとする向きがあったはずだ。アメリカは1996年夏季オリンピック・アトランタ大会以降開催地になっておらず、しかもテレビ放映契約最大の相手国だった。IOCは現在アメリカのテレビネットワークNBCと2032年まで国内放送権およそ80億ドルの契約を交わしている。アメリカで開催すれば、アメリカ国民はゴールデンタイムに大会を生放送で楽しむことができ、NBCの視聴率も伸びるだろう。高視聴率でNBCを満足させることができれば、今後さらに多くの放映権料を期待できる。さらに、アメリカの大都市は富裕層を多く抱えており、彼らが高額のチケットや飲食施設に金をつぎ込むことでオリンピックの収益は上がる。アメリカの企業も施設の広告に資金を投じるだろう。

プロブストとアメリカ・オリンピック委員会は、もしアメリカの都市が2024年の開催地に決まれば、28年にわたる空白期間にようやく終わりが来ると考えていた。彼らからすれば28年は本来あるべき期間とは思えない、長すぎる期間だったのである。そのためプロブストは、トーマス・バッハが2013年に設置した選考プロセス改革に取り組む「IOCワーキンググループ」が2014年12月に報告を行うまで、最終候補都市の発表をしないと言ったのだった。

ワーキンググループからの最初の提案は、具体的な変革につながるものではなかった。ソチ大会に先駆けた２０１４年2月のＩＯＣ会合で、２つの改革案が話し合われた。ひとつ目は、都市だけでなく国も開催地として立候補できるというものだった。この変更で都市の負担は減るかもしれないが、国の負担は増え、交通機関のコスト（および二酸化炭素の排出量）とセキュリティ費の増加を招く。根本的な問題の解決にはなっていない。２つ目は、ＩＯＣ委員が立候補都市に視察へ行くというソルトレイクシティ大会以前の方針に戻すというものだった［★11］。つまり直接訪問することでビデオよりも多くの情報が得られ、各都市の計画の妥当性をより正確に判断できるという主張だった。確かにそうかもしれないが、視察はコストがかかる上、何より汚職や賄賂が横行する可能性があり、この案はすぐさま退けられた。

どのような抜本的改革をするにしても、ＩＯＣの独占的な影響力を弱める必要がある。それを実現するためのひとつの方策になり得るのは、少なくとも理論上は、オリンピックにも競争相手を作ることだ。これはかつて試みられ、そして失敗した。それが「グッドウィルゲームズ」である。アメリカのメディア界の大物テッド・ターナーの呼び掛けにより１９８６年から開催され、彼が持つ放送局で放送された。この年の大会でターナーは２６００万ドルを失い、さらに1990年大会でも4000万ドルの損失を出し、大会は徐々に失速していった。そして2001年にオーストリアのブリスベンで行われた大会で終止符が打たれた［★12］。メディア帝国と豊富な資金を持つターナーですら失敗したことを、他の誰かが成功させられるとは考えにくい。オリンピックは大きなブランド力を持つため、独占状態になるのは自然のことのようだ。世界中のファンはオリンピックやワールドカップに代わる大会を求めてはいない。

2013年9月、2020年夏季大会の開催地にマドリードやイスタンブールではなく東京が選ばれたことで、IOCは真の改革に向かっているのかどうか疑わしいという声が上がった。マドリードのプランは既存の施設を流用し、最小限の整備を行うものだった。国・州・市の3つで分け合う予算総額は19億ドルで、近代オリンピック史上最も低額な予算に類するものだった。東京の予算はおよそ60億ドルであり、大金をつぎ込むオリンピック・スタジアムや選手村の建設も行うことになっている（当初の試算は40億ドルだった）。もしもIOCが予算の高騰や無駄遣いを避けたいというメッセージを打ち出そうと考えていたならば、東京を開催地に選びはしなかっただろう［★13］。

アテネを夏季オリンピックの永続的な開催地にする案もある。悪くない考えだが、多くの国が自国での開催の機会を奪われるため、これに反対している。国際的イベントとしてのオリンピックのイメージも損なわれるかもしれない。

ＩＯＣは、大会からの収入を開催都市や開催国と分け合う道を選択することだってできる。現在の夏季オリンピックは、テレビやメディアの放映権料、チケット売上、スポンサー料、グッズ売上で60億ドルほどの収入がある。冬季大会の収入は30億から40億ドルだ。

こうやって考えてみると、開催地の負担を減らすためにＩＯＣができることはまだいくらでもある。しかしながら、競合する他の巨大イベントがほとんど存在しない独占状態を鑑みると、ＩＯＣは市場での自らの強みを活かそうとするだろう。もちろん、開催都市や開催国が招致に関心を失ったり、協賛企業がいまの広告形態に満足しなかったりした場合に限り、ＩＯＣは多少の改善を行うはずだ。そうした改善も、立候補への関心を程よく引きつけ、メディアやスポンサーからの不満が噴出しない程度の改善にしかならない可能性が高い。

先に紹介したオーストリア、ドイツ、スウェーデン、スイスの国内オリンピック委員会による２０１４年６月の報告「オリンピック・アジェンダ２０２

0」では、いくつかの改善案が提示されている。彼らは2010年、2014年、そして2018年冬季オリンピックの招致プロセスを研究して、この期間での予算案の上昇は2倍だった一方、招致だけにかかる費用は4倍になっていることを指摘した。提案はこの招致プロセスをシンプルにすることだ。彼らは開催に対する住民の反対の高まりを懸念し、住民に対し開催の価値を説く宣伝活動を強化すると同時に「IOCも立候補都市の宣伝キャンペーンに金銭的援助をするべき」［★14］だとしている。さらには開催国が競技場を新設するのではなく既存の施設を活用できるようにするため、IOCは収容人数の基準を引き下げ、その他の要求事項も修正するべきだと提案した。加えて、開催国がホテルを拡大しすぎないように、オリンピック・ファミリーの規模の縮小も促している（現在夏季オリンピックでは4万2000室が必要になっている）。そして最後に、IOCが1990年代以降繰り返し発言してきた持続可能性への取り組みには、具体的な基準や、監視体制や、違反への罰則制度が欠けている点を指摘した。そして持続可能性のチェック機関を作り、強制力を持たせるよう促している。こうした意見は、もちろん、IOCへの提案にすぎなかったが、おそらく2014年12月の総会で話し合われ、IOCは最終的にそこで「アジェンダ2020」

を採択した。それは持続可能性、適切な費用、柔軟性へのＩＯＣの新たな取り組みを示すものだった。ただし、それらはすべてＩＯＣがこれまで発言してきたことでもある。

２０２２年ワールドカップ・カタール大会をめぐる汚職スキャンダル、そして２０１０年南アフリカ大会、２０１８年ロシア大会をめぐる賄賂問題などが発覚した２０１４年には、また別の種類の改革に取り組む必要が生じた――透明性への取り組みだ。オリンピックの開催地を選ぶ投票権を持つ人々は匿名投票で守られている。もし各投票者の投票先が公になれば、より透明で汚職の少ない選考過程になるだろう。

２００２年冬季オリンピック・ソルトレイクシティ大会をめぐる賄賂問題の後、ＩＯＣは開催地を決める投票者の人数を減らし、投票者たちが候補都市を視察する習慣を取りやめた。ＩＯＣの選考過程はそれでもまだ民主的なものから程遠く、さらなる改革が求められている。

まず最終候補地を選び、そのなかから開催都市が選出される現状の選考過程にはＩＯＣ委員１１５名が関わっている。この委員はオリンピック選手のなかから選ばれた現役のアスリート15名、各種ＮＧＯから選ばれた15名、各種スポーツの国際競技連盟から15名、そして独立した70人の委員で構成されている。つまり、ＩＯＣ委員の大多数（60・9％）がどこにも属さないエリートであり、オリンピック・ムーブメントやＩＯＣ会長に対する責任を負っていない。任期は8年だが自らの意志で再任が可能であり、年齢制限は70歳まで（制限が80歳までだった2000年までに参加したメンバーは除く）。オリンピック・ムーブメントの構成員たちに4年か8年ごとに委員を選ばせ、任期は二期に限定したらどうだろう？

下からの改革

独占状態が続いて大きな変革が起こらないため、各開催都市や開催国は、より賢く、より自らの行動に責任を持たなければならない。浪費は抑えられる必要がある。招致はより慎重に、既存のインフラを最大限に活かして行われる必要がある。もし招致がＦＩＦＡやＩＯＣの基準を満たさない場合でも、開催地はすぐに妥協してはならない［★15］。

2014年7月下旬、東京都知事の舛添要一は、承認された2020年オリンピック案を見直すと告げ、新しい正当なアプローチを示したように見える。国民からのプレッシャーを受け、東京オリンピック組織委員会はオリンピック・スタジアムを新設せず、１９６４年大会に使用された既存の施設を利用する可能性に触れた。東京は地理的にコンパクトな大会を提唱していたが、財政的にもコンパクトである必要があると都知事は語った。そのため、東京は競技場建設費を抑えるために、いくつかの競技を数十キロ離れた土地で行うことを検討している。舛添は言う。「費用は当初のプランから30倍にも、40倍にも、50倍にもなり得る。そんな金額の支出を納税者たちはとうてい説得しないだろう」[★16]

開催都市はロサンゼルスとバルセロナの例に倣おうともしている。しかしそのためには、ロサンゼルスやバルセロナが成功した背景や前提条件を充分に理解する必要がある。２０１６年大会の開催地リオデジャネイロは、都市を４つの区画に分けるバルセロナの案を採用した。一カ所に集中させる１９９６年のアトランタ、２０００年のシドニー、２００４年のアテネ、２００８年の北京、２０１２年のロンドンとは対照的な方法だ。残念ながら、リオデジャネイロは形式的にはバルセロナに倣っていたが、内実は違った。この二都市をめぐる状況がまったく違ったのである。

立候補を検討する都市にとって、バルセロナのプランで一番参考になるのは、区画を4つに分けたことではなく、オリンピックに先駆けて都市再開発プランが進んでいたことだ。オリンピックはそのプランを後押しするためにあった。オリンピックのために慌ててプランを作ったのではなかったのだ。

その他多くの要素もバルセロナにとって有利に働いていた。とりわけ、大会の60％の資金が民間企業から出て、残りの40％のうち、バルセロナ市が出したのは5％だけだったことが大きい。大会に使用された37の施設のうち、27は既存施設で、加えて5つがすでに建設中だった。総コストの83％は非スポーツ施設にあてることができた。バルセロナの位置、気候、建築、文化、そしてヨーロッパ共同市場への参入、航空規制の緩和、効果的なマーケティングなども有利な要素だった。

しかしながら、独占者が権力を自ら放棄することはなく、上辺だけの最小限の改善しか行わないのと同じように、自治体や国の政治家たちは、地元の資金提供者や選挙区の有力者たちの排除ができない。政治的改革もなく、建設、保険、財政、そしてホテル業の利益を宣伝する傾向にある。

大抵の場合、有権者はサーカスと、やがて与えられると約束されたパンで満足しようとしてきた（訳注：古代から市民は権力者から「パン（＝食糧）」と「サーカス（＝娯楽）」を与えられて満足するものと揶揄されてきた）。しかし有権者からサーカス（＝巨大スポーツイベント）は要らないからもっとパン（＝生活の向上）が欲しいと言われたとき、政治家たちは目を覚ますことを迫られるだろう。

まとめ

この1年でIOCをめぐり大きな動きがあった。さらに本が一冊書けてしまうほど様々な動きがあったが、ここではオリンピック開催の裏に潜む経済的ギャンブルに深く関連する要点をいくつか採り上げる。

1 IOC

トーマス・バッハがIOCの会長となった2013年9月、彼はどこかに欠陥があると気付いていた。長らく続くオリンピック開催への立候補都市の減少傾向は、2022年冬季大会の立候補都市が次々と撤退したことで顕著になった。最終的に、IOCにはカザフスタンのアルトマイと中国の北京という二つの選択肢しか残らなかった――どちらも問題が山積みの都市だった。

バッハは2つの側面から問題の是正に取り組んだ。第一に、彼は世界中の数々の自治体を回り、IOCは各都市の招致活動を大いに歓迎すると伝え歩いた。第二に、招致をより魅力的にするための改革案を宣伝し始めた。後者は最終的に2014年12月にIOC総会で採択された「アジェンダ2020」につながっていった。

アジェンダ2020には多くの要素が含まれているが、開催をより安価で持続可能なものにする取り組みへの宣言もわずかにある。だが、それらは実際にはIOCが新しく提唱したものではない。持続可能性は遡ること1990年代からIOCのスローガンとなっていた。負担の少ない安価な開催は2002年に評価基準として導入された。とは言うものの、こうした改革案の宣伝でいくつかの都市の関心を引きつけることに成功し、2024年夏季オリンピックへの立候補数は増加した。以下では今後の大会や現在の招致活動に関する2015年のニュースを見ていく。

2 2016年ブラジル、リオデジャネイロ大会

2015年5月8日、AP通信は2016年夏季オリンピックに向けた準備期間でリオデジャネイロに想定される問題点を以下のように指摘した［★1］。

・街頭での大きな抗議活動

・水球会場への政府による資金提供の拒否
・グアナバラ湾の深刻な汚染の継続
・4分の1の会場が未着手の状態
・オリンピック関連の建設費、会場費、そしてエネルギー費の10％しか調達できていない点
・オリンピック会場への電力供給をめぐる契約が交わされていない点

そして、2015年7月10日、オリンピック組織委員会は選手村のコストが当初の想定から5倍にも上昇したことを明かした。リオデジャネイロの住民はこうしたニュースにはもう慣れていたが、事態は悪化していた。数週間前、消えつつある貧民街ビラ・アウトードロモに残っていた住民たちが街頭に出て、オリンピック・パークに隣接するコミュニティから追放されることに対し抗議を行っていた。一方で、オリンピックに向けた新ゴルフ場周辺には、新しい住宅が230万ドルから2300万ドルで売られ始めていた［★2］。

ビラ・アウトードロモは開催に向けた取り組みのなかで排除された（あるいは部分的に取り壊された）貧民街のひとつだ。元々のプラン（「モラル・カリオカ」）では、貧

民街へのサービスを近代化し、都市中心部の生活へと統合していく予定だった。しかし多くの貧民街は4つのオリンピック地区の周辺に位置し、海の眺めが素晴らしい丘の中腹にあった。開発者たちはこれを新しい高級住宅建設の機会だと捉えた。それが貧民街に統合ではなく破壊をもたらす結果になった。貧民街の住民たちは友人や、子供の学校や、仕事から引き離され、数時間かかる都市の西の郊外へ移住を余儀なくされた。この劇的な再編成は2016年リオデジャネイロ大会の遺産となるだろう[★3]。

運営における最大の問題はボートと水上競技、特にグアナバラ湾でのセーリング競技に関するものだ。さらにはコパカバーナ・ビーチでのオープンウォータースイミングとロドリゴ・デ・フレイタス湖でのカヌーとボート競技開催にも問題がある。そうした会場の水には、リオデジャネイロの家庭や工場からの未処理の廃水が溜まっているのだ。2015年7月には各地の水のバクテリアやウイルスレベルの調査が行われた。

オリンピック・パラリンピック会場では廃水からのウイルス・バクテリアレベルが危険なほど高まっていることが判明した——世界中の専門家は

警告を発し、選手たちはリオでのトレーニングに尻込みしている。熱や、吐き気や、下痢などの症状が出た選手もすでにいる。（中略）オリンピックの選手たちが病気を引き起こすようなウイルスに晒されることはほぼ間違いがない。南カリフォルニアのビーチで危険とされる基準の170万倍のレベルだとする調査もある。（中略）オリンピックプロジェクトの一環として、ブラジルは8つの処理施設を建設して廃水を浄化し、グアナバラ湾への家庭ゴミの流出を防ぐことを約束していた。だが建設されたのはひとつだけだ。［★4］

さらに、国営の石油会社ペトロブラスによる大規模な汚職スキャンダルも起きた。ジルマ・ルセフ大統領政府の多くの役人を巻き込み、大統領本人の関与さえも噂された。一方で、経済は不況が続き、失業率が上昇し、インフレが起き、GDPの9％にもおよぶ財政赤字、2015年の調査では生産量が2・3％落ち、この3年で通貨の価値は実質的に半分にまで下落した［★5］。2015年7月頃には、インフレ率（約8％）の方が大統領の急落する支持率よりも高いのではないかという冗談さえ囁かれた［★6］。

しかし、実際のリオデジャネイロ経済に何が起きていようと、軍や警察の力を利用しながら、2016年夏季大会は世界中のテレビ視聴者にはほとんど欠点を晒すことなく進んでいく可能性が高い［★7］。IOCは地元住民が日々生計の手段と安定を求めて苦しんでいるのとは裏腹に、この大会の成功を宣伝するだろう。

3　2018年韓国、平昌大会

現段階ではインフラや会場整備は比較的スケジュール通りのようだが、平昌も例に漏れず資金繰りに苦しんでいる。大会組織委員会は企業協賛金から2013年に1億5800万ドルを、2014年には6億1100万ドルを必要としていた。しかし2013年の協賛金はゼロで、2014年は3160万ドルにしか達していない。大会組織委員会は不足分を政府から借り入れるしかなかった［★8］。平昌は抗議活動にも見舞われている。50の市民団体連合が大会運営者たちを違法行為で告訴した。大会のスキー会場を建設する加里王山《かりわんさん》の破壊も訴状のひとつに含まれている［★9］。樹齢500年を超える木が5万本以上伐採された。将来の立候補都市は充分に留意すべきだろう。

4 2020年日本、東京大会

2013年、IOCは2020年夏季大会の開催地としてイスタンブールでもマドリードでもなく東京を選出した。2002年以降宣伝されている安価な開催というスローガンをIOCが真剣に考えているのなら、予算が東京の3分の1だったマドリードの方がよい選択肢だったはずだ。しかも東京の膨大な予算は、都市と組織委員会にとって長くつきまとう大きな問題となっている。

東京の招致活動はコンパクトな会場をアピールするものだった——33の会場のうち28の会場が40億をかける選手村の8キロ圏内に集約される予定だった。しかし早い段階で、土地や労働者や資材のコスト増により、いくつかの会場を東京から離れた場所に移動した方が何億ドルという金額が抑えられることが判明した。アジェンダ2020を誇示する機会を伺っていたIOCは、2020年東京大会の会場の分散を承認した。その後、オリンピック・スタジアムをめぐり、解決の難しい大きな問題が持ち上がった。当初のプランでは1964年大会時に建てられた5万4000人収容の競技場を取り壊し、10億ドルの予算で新しい近代的な施設を建設することになっていた。これにより1964年に建てられた競技場の取り壊しに抗議する運動も起きた。そして新しい競技場の予算が膨らんでいくにつれ、反対の声も強まっていく。2015年7月初旬までに、想定予算は25億ドル（開閉式屋根あり）もしくは21億ドル（開閉式屋根なし）にまで上昇［★10］。建設の見積もりを出す前から、施工主は決まっていたとも言われている［★11］。NHKの調査によると、回答者の81％がこの新競技場建設に反対していた［★12］。やがて政府へのプレッシャーも高まり、7月17日に新競技場案を白紙に戻し、新たにコンペを行うことを告げ、IOCに謝罪した。しかしこれは、2019年に行われるラグビーワールドカップには新競技場が間に合わないことを意味していた。

5　2022年中国、北京

2022年冬季大会の招致プロセスについて、オリンピックを研究するジュールス・ボイコフは次のように語っている。「ミュンヘン、ストックホルム、クラクフ、そしてスイスのグラウビュンデンの住民たちは、高額なコスト、住民へのサポートの少なさ、セキュリティ上の懸念から、招致はしないと決議した。リヴィウはウクライナの国内情勢の混乱により立候補を辞退した。オスロは明らかな筆頭候補だったが、保守派と革新派が一体となって反対し、招致か

ら撤退した。そして不安な2都市が残った。アルトマイと北京だ」[★13]

ＩＯＣは「ホブソンの選択」、つまり選り好みできない選択を迫られていた。開催地の負担を減らすためアジェンダ２０２０に則った改革プログラムを制定し、トーマス・バッハはアルトマイと北京がともに強力な候補地であることを繰り返し主張した。ＩＯＣは表向きはアジェンダに従う一方、自身の要求も叶えようと試みていた。オリンピック・ムーブメントは特に人権の尊重を大切にしている。そしてＩＯＣもアジェンダ２０２０のなかで人権問題への取り組みについて改めて言及している。しかしカザフスタンと中国における人権の歴史は苛酷なものだった。中国は２００８年大会の開催で自国に明るい光があたり、国際社会の一員になったことで自国の政治的抑圧は弱まったと主張しているが、中国の人権ランキングはヒューマン・ライツ・ウォッチの指標でも、国境なき記者団の報道の自由度ランキングでも２００８年から２０１４年にかけて順位を落としていた[★14]。中国が国際イベントを開催するときの典型的なパターンは、人権に有益な影響をもたらすというより、政治的発言の取り締まりや、活動家の検挙や、検閲の強化につながるのだった。

カザフスタンの状況も厳しい。１９８９年以降同一の大統領が居座り、ヒューマン・ライツ・ウォッチからは宗教的自由や反対意見を抑圧しているだけでなく、拘束した人間に対する拷問を批判されている［★15］。まるで何かの予言者か宣伝者のように、バッハは「我々には2つの優れた候補都市がある」と宣言した。［★16］

アジェンダ2020もまた開催地の負担の軽減を説いており、北京のオリンピック組織員会は2008年大会の会場のいくつかを利用すると発表している。金額を減らすため、中国は北京とアルペン競技とノルディック競技会場（それぞれ首都から約87キロ、190キロ離れた会場）を結ぶ高速鉄道のコストをオリンピック予算に含めない決定を下した。中国の国営メディアは、この高速鉄道のコストは50億ドルになると試算している。［★17］

さらに水が不足している北部の都市での飲み水や、氷の作成や、人工雪の作成のために分水や脱塩施設を建設する膨大な費用も予算として計上されないことになっている。中国北部は乾燥地帯で、国民の半数近くが住んでいるにもかかわらず、国の貧しい水資源のうち北部にあるのは25％のみだ［★18］。そのため、中国は2008年オリンピックに向け800億ドルをかけて南部からの分水プロジェクトに取りかかっていた。しかし北部の一人あたりの水の使用可能量は、アメリカでは危機的レベルとされる水準を下回ったままとなっている。ノルディックスキーの会場である張家口市は年の降雪量が20センチほどしかなく、アルペンスキー競技会場の延慶でも40センチ以下しかない。近年の温暖化のもとでは、ほとんど雪は積もらない。どちらの会場も人工雪を用意するために大量の水を必要としているのだった［★19］。北京、張家口、そして延慶は華北平原に位置し、付近の山東省、河南省、江蘇省、そして河北省はいずれもモロコシ、冬小麦、トウモロコシ、その他農産物や綿を製造する中国の主要農業地である。スキー会場で大量の水を使うと重要な農業用の水を奪うことになる。［★20］

ＩＯＣはアジェンダ２０２０の安価な開催という目標を達成したと語るが、農産物への影響を抜きにしても、２０２２年北京大会の予算案は、実際には何十億ドルも低く見積もられたものであることは明らかだ。さらに中国が遺産になると主張する内モンゴル自治区とゴビ砂漠の境界にあるスキー会場は、深刻な水不足を引き起こす可能性がある。仮にスキー場が残されても、利用できる資金を持つのは中国の富裕層だけで、食料供給には悪影響が出て価格が上がるだろう。

2022年北京大会が直面するもうひとつの問題は、冬に最高潮に達する都市部の大気汚染だ。いくつかの調査では、この汚染は心臓や呼吸器の疾患に甚大な影響をおよぼすと指摘されている[★21]。北部の山々の森林伐採も、大気汚染を加速させている。2008年大会に向け、北京は交通の厳しい規制、近隣の工場の閉鎖、住民たちの野外活動の抑制、そして人工降雨によって一時的に大気粉塵を減らすことに成功した。同様の戦略が2022年大会でも導入されることになっている。それでもなお、選手たちの健康が危険に晒されなくなるとは考えにくい。

6 ボストンと2024年大会の招致活動

トーマス・バッハが世界中の都市を回ったこと、そしてアジェンダ2020の採択はすでにいくらかの効果をもたらし始めている。立候補都市の減少は、少なくとも現状では食い止められた。パリ、ローマ、ブダペスト、ハンブルク、そしてロサンゼルスが2024年夏季オリンピック開催に立候補している[★22]。アメリカ・オリンピック委員会は、2015年1月8日にボストン、ロサンゼルス、サンフランシスコ、ワシントンDCのなかからアメリカ代表の候補地としてボストンを選出した［★23］。その7カ月半後の2015年7月27日、アメリカ・オリンピック委員会はボストンへの支援を取り下げる決定を下した。手短に言えば、ボストン市長マーティ・ウォルシュとマサチューセッツ州知事チャーリー・ベイカーが予算超過や収入の不足分を補填せよというIOCからの要求を却下したからだった。

もう少し詳細に語るとするならば、アメリカ・オリンピック委員会により1月に選出されて以降、ボストンのオリンピック組織委員会「ボストン2024」にとっては何ひとつよい方向に進まなかったということになる。「ボストン2024」は主に建設業界につながりを持つ企業の重役たちによって構成された民間の組織だった。同組織はボストンの名前を使い、2014年12月にアメリカ・オリンピック委員会に予算案を提出していた。ボストンの市議会も、州議会も予算案を承認する機会がなかったにもかかわらずアメリカ代表に決まった1月8日、「ボストン2024」に対して予算を公開するよう民衆から大きな声が上がった。何の競技場がどこにできるのか、インフラ投資はどうなっているのか、資金はどうやって捻出するのか、住民たちは知りたがった。要請が2週間続いたところで、「ボストン2024」はいくつかの文書を公開したものの、残りは伏せられた。

公開された文書により、運営に47億ドル、会場建設に34億ドル、インフラ整備に52億ドル、そしてセキュリティに10億ドル（連邦政府からの全額支援を希望）が想定されていることが判明した。そして税金は使われないことになっていた。運営費はオリンピックの収入でまかない、会場は民間が建設を担当し、インフラ整備は国がすでに用意していた資金などを使って何とかやりくりするという。加えて、「ボストン２０２４」はすでにウィデット・サークル（オリンピック・スタジアムの建設予定地）や、コロンビア・ポイント（選手村の建設予定地）や、その他建設予定地の土地所有者たちと協議に入っているとのことだった。

しかし、そこには問題があった。オリンピックからの収入は楽観的に見積もられたものだったが、実際にスポーツ施設の建設に関心を示す民間企業や大学はひとつもなかった。インフラ整備の多くは、実のところ、資金のあてがなく、さらに州議員の運輸委員長ビル・ストラウスは、「ボストン２０２４」が計画するインフラ整備費は実際には１３０億ドルも要するとの試算を出した。しかも彼らの主張とは反対に、ウィデット・サークルとコロンビア・ポイントの土地所有者たちは、建設予定について初めて知ったのは部分的に公開されたあの文書を通じてだと発言し、10億ドルの会議場拡張計画はチャーリー・ベイカー州知事にも知らされていなかった。「ボストン２０２４」は幸先の悪いスタートを切り、信頼回復は急務の課題となった［★24］。

３月には元州知事のデュヴァル・パトリック（偏った委員会を設置し開催の実行可能性を検討させ、オリンピック招致への舵を切った人物）を１日７５００ドルで国際親善大使に任命したことが発覚し、「ボストン２０２４」への風向きはさらに悪くなっていった。そして5月、情報公開法に則り、部分公開となっていた「ボストン２０２４」の最終予算案が全面的に公開され、実際には税金の使用が予定されていることが判明した。数々の失態が続き、住民からの支持は低下し続けた。調査によると、１月初旬には51％だった開催支持率が、７月までに40％近くへと下がっていった。

「ボストン２０２４」の活動には多くの不充分な点があったが、根本的な問題は２０１４年12月の最初のプラン（プラン１・０）も、２０１５年6月末のプラン（プラン２・０）も経済的合理性がまったくなかった点だ。プラン２・０は、「ボストン２０２４」にベイカー州知事が税金を使用しない詳細なプランが必要だと迫って作られたものだった。

プラン2・0はプラン1・0とは大きく異なる。プラン2・0は会場建設に民間企業の協力を仰ぐものではなかった。すべての会場がオリンピック期間だけの一時的なものになる予定となっていた。

この臨時会場の建設は新たな問題を引き起こした。「ホワイトエレファント」になる危険性は回避できるものの、たった3週間の会場のために何億ドルも投じる必要があるのか？　施設が取り壊されるなら、大会の遺産は無くなるのではないか？　特別席もない6万9000人のスタジアム（プラン1・0の6万人から増員）など、8万席を備えたパリの近代的なオリンピック・スタジアム、スタッド・ド・フランスに比べたときにIOCはどう反応するだろか？　2015年9月から2017年9月の選考期間で「ボストン2024」がパリ、ハンブルク、ローマ、そしてブダペストを上回るためには、33の臨時施設はかなりのアップグレードが必要で、大幅な予算超過が生まれるのではないか？

しかし「ボストン2024」は2017年9月の開催地決定については、まだあまり気にしていなかった。それよりも先に、マサチューセッツ州の納税者たちに税金は使用しないと理解してもらうことに気を使っていた。しかしスタジアム建設の他にも、「ボストン2024」には公にしていない問題がいくつかあった。

①「ボストン2024」はその場しのぎでいくつかの会場の建設費を大幅に安く見積もっていた。建設予定地の決まっていない自転車競技場はわずか6400万ドルとされていた（2012年ロンドン大会では3200万ドルと見積もられていたが、最終的に1億6900万ドルがかかった）。同じく建設予定地が未定の水泳競技場は、わずか7000万ドルだった（2012年ロンドン大会では1億2100万ドルの予算で、最終的に4億3100万ドルを要した）［★25］。メディア・放送センターはプラン1・0では5億ドルとされていたものが、プラン2・0では5100万ドルになっていた。

②非現実的に安く見積もられた会場は、民間企業が出資を行う予定になっていた。オリンピック・スタジアムの建設予定地ウィデット・サークルでは、利便性を増すために鉄道駅までの約2万4500坪の連絡デッキと、マサチューセッツ湾交通局の駅に食品スーパーを設置する必要があり、複合商業施設まで整えなければならなかった。こうしたプロジェクトを出資者たちにとって魅力的なものにするため、「ボストン2024」は税金の割引とマサチューセッツ湾交通局（州が所有するボストン一帯の交通機関の事業主）への土地上空使用権の支払いを免除した。

数値で見てみよう。「ボストン2024」のプランでは、ウィデット・サークルの建設事業主は2039年までの固定資産税を通常の15％分しか支払わなくて済むことになっていた。これにより市は年平均で4130万ドルの固定資産税収入を失うことになる［★26］。2040年代も、事業主は通常の30％の税金を払えばよいことになっていた［★27］。

ウィデット・サークルの建設事業主は、合わせて1平方フィートあたり26 9ドルの税金が割引される。コロンビア・ポイント（選手村の建設予定地）では、1平方フィートあたり199ドルだった。これをボストンの通常割引額と比べてみる。現在進行中の複合施設フェンウェイ・センターは1平方フィートあたりの割引は4ドル、バーテックス・ファーマシューティカルズが港湾で進めているプロジェクトでは1平方フィートあたり11ドルだ。

「ボストン2024」は、オリンピックに向けた開発がボストンにとって素晴らしい発展の機会になると主張する。IOCからの条件規定を抜きにして、コロンビア・ポイントやウィデット・サークルの開発は将来のボストンにとって一定の合理性があるかもしれないが、これほど膨大で異例な援助を必要とするプロジェクトがボストンのこの先10年の発展に最善であるかは疑わしい。ボストンは過密地域になりつつあるため——すでに空地が不足しているため——かなり綿密で、大きな視点から街のことを考えたプランが必要だ。

「ボストン２０２４」のウィデット・サークル開発プランには、４０００の住宅の新設も含まれているが、幼稚園、小学校、中学校、高校、そして警察や消防など様々な施設の財源については検討されていない。さらに有料道路マサチューセッツ・ターンパイクに接続する連絡デッキを作ることでフェンウェイ・センターがマサチューセッツ湾交通局に支払う土地上空使用権をもとに算出すると、ウィデット・サークルが支払うべき使用権料は3億5000万ドル以上にも達する。しかし「ボストン２０２４」は鉄道会社アムトラックに支払う１０００万ドルしか計上しておらず、マサチューセッツ湾交通局に支払う金額は想定されていない。ウィデット・サークルの約２万４５００坪の連絡デッキのコストは14億ドルにもなる（しかしプラン２・０の予算は3億１４００万ドルとなっている）［★28］。明らかに綿密なプランとは程遠く、都市のためになるものではなかった。

③「ボストン２０２４」は予算超過や収入の不足を税金で埋め合わせることがないよう数々の手を打っていると主張していた。この保険には、保証保険、履行保証保険、新価保険など通常の保険が多く含まれていた。「ボストン２０

24」は、さらにアンブレラ保険（訳注：通常の保険額を超過する賠償が発生した場合の補償をする保険）でリスクを減らすと主張していたが、担当する保険会社も、何にどの程度の保証があるのかも詳細は決まっていなかった。明らかだったのは、パリや、ハンブルクや、ローマや、ブダペストに対抗するため33の施設にさらなる変更（一時的なオリンピック・スタジアムへの特別席や飲食施設の設置）を加えるのなら、税金を使用しない方針は決して実現されないということだった。もし「ボストン2024」が真に納税者を守る効果的な保険を作ることができていれば、市の金銭的保証というIOCからの要求も満たすことになり、開催地として売り込むことができただろう［★29］。

④「ボストン2024」は収入の想定も甘かった。2016年に15億2000万ドルを国内企業からの協賛金として受け取る想定になっていたが、これはオリンピック歴代最高額である。野球、バスケットボール、サッカーの主要競技のチケット平均価格は137ドルで計算されていた。アメリカが参加したとしてもこれほどの高額になるとは考えにくく、例えばチリ対トルコのサッカーの試合でそんな高額のチケットになるなどあり得ない。しかもMLBがメジャーリーグを中断して、怪我の危険もあるなか選手をオリンピックに派遣するか

も疑わしい。何より、2000年代の初めに野球がオリンピック競技から外されているあいだ、MLBは何億ドルもかけてワールド・ベースボール・クラシックの発展に力を注いでいた。

そして最後に、「ボストン2024」の当初のセールスポイント――世界最高峰の大学群を持つ、教育水準の高い住民たち――が開催に反対した。住民たちには知性があり騙されることがなかった、あるいは20億ドルと言いながら200億ドルを費やす結果となったかつての高速道路建設プロジェクト「ビッグ・ディグ」や交通機関の不便さに嫌気が差し、税金を使用しないという売り文句に耳を貸さなくなっていた。税金は一切使用しないと州が保証しても、スプリングフィールド（バスケ発祥の地）やホルヨーク（バレー発祥の地）にニューヨークやその他北東部の都市よりも大きく魅力的なスタジアムを建設し、それらの競技の会場にすると言っても、効果はなかった［★30］。

アメリカ・オリンピック委員会がボストンから手を引いたことを受け、IOC会長トーマス・バッハは次のような批判を口にした。

一言で言えば、ボストンは選出時にアメリカ・オリンピック委員会に約束したことを果たせなかったということだ。(中略)私は事態を追いかけるのを止めた。事態は非常に混乱していた。日々、ボストンから新しいプロジェクトや新しい人や新しい案が舞い込んできた。私は逐一動向を追うのを止めた。[★31]

「ボストン2024」最大の後援者の一人だったボストン市長マーティ・ウォルシュは苛立ちをあらわにしながら回答した。

アメリカの他の都市もきっとそうだろうが、ボストンでは、納税者の資金をリスクに晒さないよう心がけている。その試みがIOCの会長を混乱させたというのなら、それこそがまさに現在のIOCの状況、立候補都市が減っている原因だろう。彼らはそのことを認識するべきだ。今日、会長の発言を読んだ。アメリカ・オリンピック委員会は認めないだろうが、IOCが要求する条件こそが立候補都市の数を減らし、州知事や議長たちを悩ませている。そして納税者を悩ませている。ここ数カ月で起きたことの原因をたどれば、IOCが開催都市に要求する条件に行き着く(中略)、し

かしこうした議論にＩＯＣの会長自らが口を出してきたのはただただ残念なことだ。［★32］

ウォルシュ市長はようやく教訓を学んだようだ。無秩序な、世界的独占組織と対峙する際は、細心の注意を払うのが賢明だということ。そしてときに、抵抗する方が得策でさえあるということだ。

否できる権利をアメリカ・オリンピック委員会が認めるという条件付きで、2024年大会開催へのロサンゼルスの立候補を容認した。トーマス・バッハは、「アジェンダ2020」を広く知らしめるべくアメリカからの立候補を強く求めていたため、開催都市からの資金援助という絶対的な条件を譲ることにしたようだ。

30. しかし厳密に言うと、プラン2.0ではTDスタジアムで各決勝を行うこと以外、詳細は決まっておらず、しかもホルヨークでバレーの試合が行われないことだけは明らかだった。バスケットボール、バレーボール、そしておそらくラグビーは、北東部のより大きな施設での開催を検討していたのだろう。
31. “IOC President Thomas Bach Hits out at Boston for Aborted 2024 Olympics Bid,”『ロイター』、2015年7月29日。
32. ヘイデン・バード、“Mayor Walsh's Response to Criticism from the IOC President over Boston 2024”（http://bostinno.streetwise.co/2015/07/29/mayor-walsh-responds-to-ioc-president-thomas-bachs-boston-2024-olympic-comments/）

24. “Details Uncovered in Boston 2024 Olympic Bid May Put It in Jeopardy,”『ニューヨーク・タイムズ』、2015年5月30日。
25. これらを含むすべての会場に対し、プラン2.0では予備費を5%としか取っていなかった。ブラットル・グループの調査では構想段階の建築プロジェクトには通常20%から30%の予備費を用意しておくものとされている。ボストンに代わりアメリカの立候補地となったロサンゼルスも10%の予備費しか想定していない。2012年ロンドン大会では基本予算に対し41.7%の予備費が使用された。通常より低い予備費しか用意していないということは、予算超過に陥るリスクが高まる。ブラットル・グループ、マサチューセッツ州知事、上院議長、下院議長宛の報告書 *Analysis of the Boston 2024 Proposed Summer Olympic Plans*. 2015年8月17日、14および49頁。
26. この数値は、1,000ドルの固定資産税評価額に対し29.29ドルが課税される2015年の割合をもとに、16億6,278万5,388ドルの評価額から算出した。
27. プラン2.0によると、2050年代は通常の固定資産税の50%、60年代は75%を支払うという。コロンピア・ポイントでは2030年代から60年代まで通常の20%の支払いで済むことになっていた。
28. この数字はニューヨークのハドソンヤードのデッキ1エーカーあたりのコストと、クリス・デンプシーとのメールのやり取りから算出した。プラン1.0ではウィデット・サークルのデッキとプラットホームは36エーカーとされていた。デンプシーはGoogleマップを使ってプラン2.0のデッキ構想を確認し、少なくとも20エーカーにはなるとのことだった。参考はマイケル・レヴェンソン、“T Repair Facilities Pose Challenges to Olympic Stadium,”『ボストン・グローブ』、2015年4月29日（www.bostonglobe.com/metro/2015/04/28/repair-facilities-pose-challenges-olympic-stadium/mxek9RNT5hfghPFDFv9oWJ/story.html）。
29. 興味深いことに、「ボストン2024」の熱心な支持者のひとりがダン・ドクトロフだった。彼はアメリカ・オリンピック委員会のメンバーであり、2012年大会に向けたニューヨークの招致活動を率いた経験がある。ニューヨークの招致活動を率いていた2004年、彼は予算超過に対する州からの埋め合わせを2億5,000万ドルに限る州の法案成立をサポートした。しかしドクトロフは2024年大会に向けてはボストンや州がそうした制限を設けることを拒否した。IOCの「アジェンダ2020」では都市との友好的な開催を謳っているにもかかわらず、である。参考は、N.Y. Code—Article 16: Olympic Games Facilitation Act（http://codes.lp.findlaw.com/nycode/COM/16）。一方のロサンゼルス市議会は、アメリカ・オリンピック委員会やIOCに対する資金援助をロサンゼルス市議会が拒

界の人口21％が住む国に対し、水資源は世界の6％しかない。中国では3億人以上の人が汚染された水を日々飲んでいるとも言われている。世界銀行の世界開発指標、“Renewable internal freshwater resources per capita”（http://data.worldbank.org/indicator/ER.H2O.INTR.PC）やシャノン・ティエッツィ、“China's Looming Water Shortage,”『ザ・ディプロマット』、2014年11月30日（http://thediplomat.com/2014/11/chinas-looming-water-shortage/）などを参照。

19. 中国は2008年夏季オリンピック前から600億ドルをかけて南部からの水の分水プログラムに着手している。ノルディックスキー会場の張家口市は年間の降雪量20センチほどしかなく、人工雪を使用するために大量の水が必要になる。リリー・クオ、“Hosting the Winter Olympics in Beijing Is a Terrible Idea,”『ロイター』、2015年4月1日、および www.nytimes.com/2015/07/30/sports/olympics/2022-winter-games-vote.
20. 2013年の調査では、華北平原の地下水の70％以上深刻な汚染の影響を受けており、人間の利用に適さない「IV+」に分類されている。ADM Capital Foundation、“China Water Risk”（http://chinawaterrisk.org/notices/north-china-plain-groundwater-70-unfit-for-human-touch/）
21. クレア・トパル、イエソル・チャン、“Interview with Daniel K. Gardner,” China's Off-the-Chart Air Pollution: Why It Matters（and Not Only to the Chinese）, Part I、全米アジア研究所（www.nbr.org/research/activity.aspx?id=394）
22. 2015年の夏に20億ドル以上を費やしてパンアメリカン競技大会を開催したトロントも、2024年夏季オリンピックへの立候補に前向きで、カナダのオリンピック委員会も強力に後押ししていた。しかし申請直前の2015年9月15日、トロント市長のジョン・トーリーが立候補に反対を表明した。企業からの支援の不足、市議会や州政府からの反対、市民からの疑問の声を受けてのことだった。
23. 2024年大会招致に向けロサンゼルスを率いるケイシー・ワッサーマンはロサンゼルス市議会に対し、はじめボストンがアメリカ代表に選ばれた理由を次のように語っている。「アメリカ・オリンピック委員会や役員たちのなかにはボストンを拠点にしていた選手たちがおり、彼らにとってボストンは活き活きとした新鮮な都市に映っていたのです」。同委員会のベテラン委員も私に同様の主旨のことを語った。ワッサーマンはまた、「彼らが提出した招致計画は、招致計画とは言えないような、弁護しようのないものだった」とも語っている。ベン・フィッシャー、“Wasserman Offers Insights into 2024 Bid Choice,”『スポーツビジネス・デイリー』、2015年8月28日。

Olympics Athletes to Swim, Boat in Rio's Filth,"『AP 通信』、2015 年 7 月 30 日。

5. "Brazil's Economy: Desperate Times, Desperate Moves,"『エコノミスト』、2015 年 9 月 5 日 39 頁など。
6. リオデジャネイロの危うい政治・経済の状況については、バルバッサの Dancing with the Devil in the City of God. 参照。国際オリンピック委員会（IOC)、"Olympic Agenda 2020: The Bid Experience"（ローザンヌ、2014 年 6 月）、4 頁。
7. 現地では不便なことがたくさんあるだろう。例えば、多くの会場でバス用の駐車場が著しく不足しており、渋滞を招く可能性がある。VIP 専用道路や BRT 用の道路があることも渋滞を加速させるはずだ。ホテル料金も高騰し、高級な部屋では最低 21 泊で 1 晩 1,000 ドル必要になることもだろう。ブラジルの通貨価値は急落しているが、ホテルはドルやユーロで料金を設定している。ベン・フィッシャー、"Rio Presents Serious Logistical Challenges,"『スポーツビジネス・ジャーナル』、2015 年 8 月 3-9 日、20 頁。
8. ダンカン・マッケイ、"Pyeongchang 2018 Audit Reveals Big Shortfall in Sponsorship Revenues,"『インサイド・ザ・ゲームズ』、2014 年 12 月 27 日。
9. "Five Politicians May Face Probe over Pyeongchang Olympics,"『コリア・タイムズ』、2015 年 5 月 5 日。
10. "Turmoil in Tokyo as Cost of City's National Stadium Soars,"『ロンドン・タイムズ』、2015 年 6 月 16 日。
11. "Tokyo Olympic Stadium Designer Strikes Back at Critics,"『AP 通信』、2015 年 7 月 28 日。
12. ダンカン・マッケイ、"Japanese Government under Pressure over Costs of Olympic Stadium in Tokyo 2020,"『インサイド・ザ・ゲームズ』、2015 年 7 月 15 日（insidethegames.com)
13. ジュールス・ボイコフ、"Beijing and Almaty Contest Winter Olympics in Human Rights Nightmare,"『ガーディアン』、2015 年 7 月 30 日。
14. 同上。
15. 同上。
16. 2015 年 7 月下旬、モスクワでの発言。http://chinadigitaltimes.net/2015/07/rights-advocates-oppose-beijings-2022-winter-olympics-bid/.
17. 鉄道は北京と張家口市の移動を、3 時間以上かかるものから 1 時間以内に縮めると言われている。"Olympics: Smooth Piste for Beijing's 2022 Bid," Lenovo.com、2015 年 7 月 29 日。
18. この地域の水資源の偏りも深刻だが、中国は国全体でも水不足に悩んでいる。世

Costs,"、571-86 頁。

13. IOC はスペインの経済の弱さを懸念していたと言われている。スペイン経済は 2007 年以後のヨーロッパとアメリカの金融危機で大きな打撃を受け、2013 年は実際に厳しい状態にあった（失業率は 25％以上もあった）。しかしスペイン経済は、同年に開催地が東京決定する頃には回復の兆しを見せ始めており、7 年後も不況が続くと判断する材料はほとんどなかった。
14. IOC、"Olympic Agenda 2020: The Bid Experience,"、6 頁。
15. ドイツ人のオリンピック専門家ヴォルフガング・メニッヒはハンブルクとベルリンに 2024 年夏季大会への立候補を勧めているが、そこには条件があると言う。新たな常設の建築物は作らないこと、計画の立案は参加型で行うこと、もっと音楽や芸術を取り入れること、などである。ヴォルフガング・メニッヒ、"Deutschland ist dran," *Frankfurter Allgemeine*、2014 年 8 月 14 日。2014 年 9 月初旬、ベルリンとハンブルクは 2024 年大会に向け国内選考に立候補することを発表した。どちらのプランも既存の施設を使うことを強調しながら金額と規模が抑えられたものだったが、最終選考までにハンブルクの案は見事に練り上げられ、ドイツの候補地代表に選出された。"Berlin, Hamburg Reveal Olympic Concepts for Potential 2024 Summer Games Bid,"『スポーツビジネス・デイリー』内「グローバル」欄、2014 年 9 月 2 日。
16. ジム・アームストロング、"Tokyo Governor Defends 2020 Olympics Venue Relocation Plans,"、2014 年 7 月 1 日（http://wintergames.ap.org/article/tokyo-governor-defends-venue-relocation-plans）

まとめ

1. スティーヴン・アイゼンハンマー、"500 Days Out, Rio Risks Olympic Cost Surge as Building Lags,"『AP 通信』、2015 年 5 月 8 日。
2. スティーヴン・ウェイド、"Olympic Organizers Counting on Rio,"『AP 通信』、2015 年 7 月 29 日。ジュリアナ・バルバッサは *Dancing with the Devil in the City of God*（ニューヨーク：サイモン＆シュスター、2015 年）のなかで、こうした住宅について次のように語っている（163 頁）。「日曜日の新聞には、2016 年大会のゴルフ場のそばに建つ住宅地『リザーヴァ・ゴルフ』の宣伝に溢れている。超豪華、大理石とガラス張りの高層マンションは『空に浮かぶ部屋』と宣伝され、230 万ドルから 2300 万ドルで販売されている」
3. こうした過程についてはバルバッサの *Dancing with the Devil in the City of God.* に詳しい。
4. ブラッド・ブルックス、ジェニー・バーチフィールド、"AP Investigation:

収、ジュディス・グラント・ロング、“The Olympic Games and Urban Development Impacts,”（リオデジャネイロ :BRICS ポリシー・インスティチュート、出版前）

3. しかしながら、彼らは金額の大きさで招致を競うわけではない。各都市や国は優れた施設や、魅力的なインフラや、利便性をアピールする。こうしたものにはすべて費用がかかるため、金額で争っているように見えてしまう。
4. イラン革命が目前に迫っていたテヘランも 1984 年大会に立候補していたが、開催地が決定する 1978 年を前に辞退した。
5. 2010 年のコモンウェルス・ゲームズのインドも同様だ。参考：ヴォルフガング・メニッヒ、アンドリュー・S・ジンバリスト編 *International Handbook on the Economics of Mega Sporting Events* 所収、ナリン・メータ、ボリア・マジャンダー、“For a Monsoon Wedding: Delhi and the Commonwealth Games,”（イギリス、チェルトナム：エドワード・エルガー、2012 年）、504-26 頁。
6. www.dezeen.com/2012/08/01/democracies-find-it-very-difficult-to-host-games-say-authors-of-olympic-cities-book/
7. 『ワシントン・ポスト』のキャサリン・ランペルは「今年ノルウェー政府は、立候補反対へと向かっていくだろう。調査では立候補に賛成しているのは国民のわずか 36%だった」『ワシントン・ポスト』、2014 年 7 月 11 日。
8. 国際オリンピック委員会 (IOC)、“Olympic Agenda 2020: The Bid Experience”（ローザンヌ、2014 年 6 月)、4 頁。
9. ダンカン・マッケイ、“Paris Mayor Unenthusiastic about Bid for 2024 Olympics and Paralympics,”『インサイド・ザ・ゲームズ』、2014 年 5 月 31 日 (www.insidethegames.biz/olympics)。“Bill de Blasio Rules out NYC Bid,”『AP 通信』、2014 年 5 月 28 日。
10. ニック・バトラー、“Protests Held as Opposition Builds against New National Stadium in Tokyo,”『インサイド・ザ・ゲームズ』、2014 年 7 月 5 日 (www.insidethegames.biz)
11. ダンカン・マッケイ、“Changes to Olympic Bid Process on Way as IOC Members Debate Ideas,”『インサイド・ザ・ゲームズ』、2014 年 2 月 5 日 (www.insidethegames.biz/olympics/1018223-changes-to-olympic-bid-process-on-way-as-ioc-members-debate-ideas)
12. ヴォルフガング・メニッヒ、アンドリュー・ジンバリスト、*International Handbook on the Economics of Mega Sporting Events* 所収、メニッヒ、ジンバリスト、“Future Challenges: Maximizing the Benefits and Minimizing the

31. www.bbc.com/sport/0/football/33780720.
32. ビル・ケアリー、“Do Olympics Fulfill Economic Promises? A Look Back at London,”『スポーツ・イラストレイテッド』、2014年2月6日。
33. 同上。
34. イアイン・マクラーリー、ギャヴィン・ポインター、“London's Olympic Legacy: A Thinkpiece Report Prepared for the OCED and Department for Communications and Local Government”（イースト・ロンドン大学、2009年11月)、8頁。オリバー・ワインライト、“London's Olympics Legacy Faces Early Disqualification,”『ガーディアン』、2013年7月21日。
35.「その他の公約、例えばオリンピック・ミュージアムを今年オープンさせるという公約は、静かに取り下げられていた」。ワインライト、“London's Olympics Legacy Faces Early Disqualification.”
36. ボイコフ、“What Is the Real Price of the London Olympics?”、英国会計検査院、“The London 2012 Olympic Games and Paralympic Games,”、25頁。
37. ポインター、“Afterword: A Postcard from Rio,”、5頁。
38. 同上、6-7頁。
39. リアム・モーガン、” British Charity Blasts Government for Failure to Repay London 2012 Olympic Debt,” Insidethegames.com、2015年8月12日。
40. ソルトマーシュ、“Will the Olympics Save East London?”
41. ロビン・スコット＝エリオット、“Significantly Fewer People Now Playing Sport Regularly Than before Last Year's Olympic Games,”『インディペンデント』、2013年6月14日。
42. http://sportengland.org/research/who-plays-sport/.
43. モーガン、“British Charity Blasts Government. . .”
44. www.parliament.uk/business/publications/research/key-issues-for-the-new-parliament/social-reform/2012-olympics-and-sporting-legacy/. より引用。参照は、www.publications.parliament.uk/pa/cm200607/cmselect/cmcumeds/69/69i.pdf、37頁。

第七章

1. カルロス・ペスタナ・バロス、ムラダリ・イブラヒモ、ステファン・シマンスキー編 *Transatlantic Sport* 所収、R・A・バーデ、V・マシソン、“Bidding for the Olympics: Fool's Gold?,”（ロンドン：エドワード・エルガー、2002年)、127-51頁。
2. 面積の測定値は、P・エステヴェス他編 *BRICS e os Megaeventos Esportivos* 所

セキュリティ担当の企業はロンドンのオリンピック組織委員会に対し、契約した警備人員を確保することができないと伝えた。そのため軍が出動することとなった。

19. 英国会計検査院、"The London 2012 Olympic and Paralympic Games: Post-Games Review,"、10 頁。
20. 同、24 頁。これと、その他のドル表記は、1 ポンド 1.69 ドルのレートで換算されている。このレートはロンドンがオリンピックへ向けた建設を行った 2005 年から 2012 年のあいだの平均である。
21. トリップ・ミクル、"Panel at GE Event Addresses City Changes, Legacy of an Olympics,"『スポーツビジネス・デイリー』、2012 年 7 月 31 日。
22. ブラットル・グループがマサチューセッツ州知事に向けて行った調査によると、仮にすべてのインフラ投資を含めれば、2012 年ロンドン大会の支出は 276 億ドルとなるという。ブラットル・グループ、*Analysis of the Boston 2024 Proposed Summer Olympic Plans*、90 頁。さらに当初は資金の 70%は民間からの出資を想定していたが、結局 80%以上を公的資金でまかなうこととなった。
23. ジュールス・ボイコフ、デイブ・ジリン、"Protest Is Coming to the London Olympics,"『ネーション』、2012 年 5 月 21 日。
24. 英国会計検査院、"The London 2012 Olympic and Paralympic Games: Post-Games Review,"、31 頁。
25. 会計監査官と会計検査院長官による報告、*The Budget for the 2012 London Olympic and Paralympic Games*（www.nao.org.uk/wp-content/uploads/2007/07/0607612.pdf）
26. ポインター、"From Beijing to Bow Bells,"内の引用。23 頁。
27. マーク・ペリマン編 *London: Was It Good for Us?* 所収、ギャヴィン・ポインター、"Afterword: A Postcard from Rio,"（ロンドン：ローレンス＆ウィシャート、2012 年）、4 頁。
28. 英国会計検査院、"The London 2012 Olympic and Paralympic Games: Post-Games Review,"、18 頁。
29. "Olympic Challenge: How Do Host Cities Fare after the Games?,"『CBS ニュース』、2014 年 2 月 24 日（www.cbsnews.com）。マシュー・ソルトマーシュ、"Will the Olympics Save East London?,"『ニューヨーク・タイムズ』、2011 年 7 月 28 日。
30. 当初のスタジアム建設費用は 7 億 600 万ドルだったと報じられている。（www.dailymail.co.uk/sport/football/article-2741150/Cost-converting-Olympic-Stadium-use-West-Ham-rise-15m.html）．

Olympic Plans。2015年8月17日にマサチューセッツ州知事、上院議長、下院議長宛に作成されたもの。104頁。

8. ガフニー、"Between Discourse and Reality,"、3931頁。
9. テムズ・ゲートウェイ開発についての詳細はギャヴィン・ポインターの"From Beijing to Bow Bells: Measuring the Olympic Effect," London East Research Institute, Working Papers in Urban Studies（ロンドン、2006年3月）
10. イアイン・マクラーリー、ギャヴィン・ポインター、"London's Olympic Legacy: A Thinkpiece Report Prepared for the OECD and Department for Communications and Local Government"（イースト・ロンドン大学、2009年11月）、96頁。
11. ストラトフォード・モールも大会より前から計画されているものだった。しかしながら、このモールの建設はオリンピック開催がもたらしたポジティブな成果として語られることが多い。
12. アリ・シャピロ、"Did London Get an Economic Boost from the Olympics?," *All Things Considered*,『ナショナル・パブリック・ラジオ』、2014年2月4日。
13. アン・パワー、"The Olympic Investment in East London Has Barely Scratched the Surface of the Area's Needs," ブログ記事、2012年8月15日（http://blogs.lse.ac.uk/politicsandpolicy/archives/2022）;、英国会計検査員、"The London 2012 Olympic and Paralympic Games: Post-Games Review," 会計監査官と会計検査院長官による報告（ロンドン、2012年12月5日）、25頁。
14. ヴォルフガング・メニッヒ、アンドリュー・S・ジンバリスト編 *International Handbook on the Economics of Mega Sporting Events* 所収、ダン・ブラウン、ステファン・シマンスキー、"The Employment Effects of London 2012,"（イギリス、チェルトナム：エドワード・エルガー、2012年）、546-70頁。
15. 上記内の引用より。
16. ティム・ハント、"How Tax Avoidance Schemes Now Lie at the Heart of the Modern Olympic Games," *Ethical Consumer*、2012年7月27日。（www.ethicalconsumer.org）
17. ピーター・ウッドマン、"London Tourism Struggles during Olympics,"『インディペンデント』（www.independent.co.uk/news/uk/home-news/london-tourism-struggles-during-olympics-7994159.html）. "British Tourism Slumped during London Olympics,"『AP通信』、2012年8月13日。
18. 2012年12月5日の英国会計検査院による報告書には「大会の会場セキュリティのプランニングは上手く進まなかった」と記されている（6頁）。必要な警備の数は当初1万人と予想されていたが、最終的に2万人に達した。大会1カ月前、行く場所と見なされるようになり、ロシアのエリートたちはそこで休暇を過ごすことをほとんど義務のように感じている。

25. ともにアレクセイ・エレメンコからの引用。“Can Sochi Become a World Class Resort after Olympics?,” *Russia & India Report*、2013 年 12 月 20 日。(indus.in/economics/2013/12/20)
26. ニック・バトラー、“Tax Breaks Announced for All Sochi 2014 Buildings in Bid to Reduce Financial Burden,”『インサイド・ザ・ゲームズ』、2014 年 5 月 13 日。(insidethegames.com)
27. デイヴィッド・オーウェン、“Sochi Unveils $261 Million Profit,”『インサイド・ザ・ゲームズ』、2014 年 6 月 19 日。(insidethegames.com)

第六章

1. ニック・バトラー、“Construction Workers Vote to Continue Strikes in Yet Another Blow for Rio 2016,”『インサイド・ザ・ゲームズ』、2004 年 4 月 15 日。(www.insidethegames.biz)
2. “Brazil Won't Meet Water Pollution Reduction Target before Olympics: Official,” *Sports Business News*、2014 年 5 月 18 日。リオデジャネイロは 2014 年 7 月下旬にグアナバラ湾の水質をテストするためセーリングの数チームを招いた。結果は芳しいものではなかった。オーストリアチームのボートは水中のゴミで破損し、オーストリアチームのメンバーのひとりは犬の死骸を見たと語った。他の競技者たちも湾は「毎日のように流れてくる下水やゴミのせいでトイレのような臭いがする」と不満を述べた。タリク・パンジャ、“Olympic Boast Damaged by Rio Bay Garbage as Sailors See Dead Dog,” Bloomberg.com、2014 年 7 月 29 日。(www.bloomberg.com/news/2014-07-29/olympic-sailors-boat-damaged-by-floating-garbage-in-rio-s-bay.html)
3. バレートによるクフォウリへのインタビュー。
4. マイク・シェリダン、“Racing to Get Ready: Rio 2016 Olympics,” *Urbanland: The Magazine of the Urban Land Institute*、2014 年 5 月 5 日。
5. 問題はバルセロナのプランの形式だけを真似て、実質が伴っていなかった点だ。さらに重要なのは、大会をめぐる二都市の政治的・経済的背景がまったく異なっていた点である。
6. “Construction of TransOlímpica Freeway for 2016 Rio Games to Displace 800 Families,”『スポーツビジネス・デイリー』内「グローバル」欄、2014 年 9 月 29 日。
7. ブラットル・グループ、*Analysis of the Boston 2024 Proposed Summer*

こうした報道は直近の2013年1月にスポーツ大臣ヴィタリー・ムトコが公式に発表した数字を基にしているようだ（ルーブルでは1兆5260ルーブル。ここには運営コストやセキュリティ費は含まれていない）。それ以降公式な数字は発表されていない。発表されていないのは試算がさらに膨らんでいるからだと考えることもできる。“Zatraty na podgotovku k Olimpijskim igram v Socˇi sostavjat 1,526 trln rublej,” Gazeta.ru、2013年1月2日。（www.gazeta.ru/sport/2013/02/01/a_4949973.shtml）

14. ボイコフ、“Celebration Capitalism and the Sochi 2014 Winter Olympics,” 内の引用、39頁。
15. 2015年2月にモスクワの街頭で発砲を受け命を落とした元第一副首相ボリス・ネムツォフは、500億ドル超のソチ大会のコストのうち250億ドルか300億ドルが「プーチン氏に近い新興財閥や企業」の利益になるような仕組まれた契約によるものだと語っていた。ナタリヤ・ヴァシリエヴァ、“Russian Oligarchs Foot Most of 2014 Sochi Olympics,”『AP通信』、2013年5月20日。2013年5月30日のBBCニュース、2013年11月19日のHBO「リアルニュース」も参照。
16. ステファニー・ベイカー、イリヤ・アルヒポフ、” Rich Russians Sparring with Putin over $48 Billion Olympics Bet,” Bloomberg.com、2013年11月26日。
17. トーマス・グローブ、“Special Report: Russia’s $50 Billion Olympic Gamble,”『ロイター』、2013年2月21日。
18. ヒューマン・ライツ・ウォッチ、“Race to the Bottom: Exploitation of Migrant Workers ahead of Russia’s 2014 Winter Olympic Games in Sochi”（2013年2月6日）。
19. ダニエル・サンドフォード、“Putin’s Olympic Steamroller in Sochi,”『BBCニュース』ヨーロッパ、2013年2月6日。
20. ニコラス・フォン・トウィッケル、“Sochi Is a Hard Nut to Crack for PR Gurus,”『モスクワ・タイムズ』2013年2月7日。
21. スティーヴン・マイヤーズ、“Putin’s Olympic Fever Dream,”『ニューヨーク・タイムズ・マガジン』、2014年1月22日。
22. ナタリヤ・ヴァシリエヴァ、“Sochi Critics Get Terrorist Treatment,”『AP通信』、2013年12月18日。
23. M・ミュラー、“(Im-) Mobile Policies: Why Sustainability Went Wrong in the 2014 Olympics in Sochi,” *European Urban and Regional Studies* 22（2015年）、13頁。
24. ソ連時代、多くの労働組合もソチに静養所を持っていた。現在のソチは愛国者が

頁。民間と政府の収支の割合は資料によって異なる。その食い違いは、どこまでをオリンピック関連の投資と考えるかの違いによるところが大きい。例えば「Barcelona Holding Olímpic S.A.」は、オリンピックへ向けた費用の 33.8%が民間からの投資であり、66.2%が公的機関からの投資だったと試算している。参考：Barcelona Holding Olímpic S.A.、"Los Juegos Olímpicos Como Generadores de Inversión (1986-1992)"（バルセロナ、1992 年 6 月)、7 頁。いずれにせよ、民間からの出資の割合がかなり大きいことは明らかだ。

5. ジョン・ゴールド、マーガレット・ゴールド、"Olympic Cities: Regeneration, City Rebranding and Changing Urban Agenda," *Geography Compass* 2, no.1 (2008 年)、307 頁。
6. フェラン・ブルネット、"An Economic Analysis of the Barcelona '92 Olympic Games"（バルセロナ：Centre d'Estudis Olimpics、1995 年)
7. アイリス・ヒラー、ラファエル・アイサン、"Barcelona: Before and after the '92 Olympic Games," 2010 年 2 月 (www.insights.org.uk)、3 頁。
8. しかし他の巨大イベントとは違い、バルセロナで強制退去は起きなかった。移住をした者には住宅への援助があった。残念なことに、多くは仕事場から遠い、離れた地域に移住した。サンチェス他、"Barcelona 1992," 29 頁。
9. 同 48 頁。
10. バルセロナのプランに対する他の反論では、街を囲む 40 キロの環状道路、移民労働者の長時間労働の常態化、建設計画への高額な資材などを指摘している（環状道路は公共交通機関での個人車の利用を促進したが、都市内の交通事情の改善にはほとんど効果がなかった)。参考：ロンドン・スクール・オブ・エコノミクスによるバルセロナ大会の研究、2010 年。ミゲレス、カラスケール、"The Repercussion of the Olympic Games on Labour"（バルセロナ：Centre d'Estudis Olimpics、1995 年)
11. M・ミュラー、"State Dirigisme in Megaprojects: Governing the 2014 Winter Olympics in Sochi," *Environment and Planning A* 43, no. 9 (2011 年)、2091-108 頁。
12. RT.com、2013 年 2 月 4 日。
13. ジュールス・ボイコフ、"Celebration Capitalism and the Sochi 2014 Winter Olympics," *Olympika: The International Journal of Olympic Studies* 22 (2013 年)、54 頁。多くの報道では、すでに 2013 年 2 月の時点で 510 億ドルも投じられたと言われている。例えば、『ワシントン・タイムズ』などに掲載された 2013 年 2 月 5 日の AP 通信の記事がそうだ。(www.washingtontimes.com/news/2013/feb/5/one-year-out-sochi-gearing-winter-olympics-spotlig/)。

Games?,” 2014年2月24日。(www.cbsnews.com/news/olympic-challenge-host-do-host-cities-fare-after-the-games)

13. 同上。
14. ダグ・ソーンダース、“Is the World Cup a Giant Waste of Money?,”『グローブ・アンド・メール』、2014年5月31日。(www.realclearworld.com/2014/06/12/brazil_needs_more_than_a_world_cup_win_159149.html)
15. ペリマン、“Do the Olympics Boost the Economy?”
16. ところが2014年、バルセロナはモンジュイックにあるオリンピック・スタジアムを大規模な「スポーツのテーマパーク」に変えると発表した。
17. イアン・オースティン、“Vancouver Journal: A $1 Billion Hangover from an Olympic Party,”『ニューヨーク・タイムズ』、2010年2月24日(www.nytimes.com/2010/02/25/sports/olympics/25vancouver.html?_r=0).すべての記録が公表されている訳ではなかったが、この記事の執筆者は負債の試算額に我慢がならなかったのだろう。州議会は、出資者のフォートレス・インベストメント・グループが撤退した後に選手村の建設を遂行するため、5億ドル近くを提供する特別措置法を用意しなければならなかった。” Vancouver Assumes Financial Control of Olympic Village,” AP通信、2009年2月18日。

第五章

1. アナ・サンチェス他、“Barcelona 1992: International Events and Housing Rights: A Focus on the Olympic Games”(ジュネーブ:居住権・強制退去問題センター [COHRE]、2007年)、20頁。ナディア・ファヴァ、“Tourism and the City Image: The Barcelona Olympic Case”(スペイン、ジローナ大学、2012年)、COBI、“Barcelona: Urban Transformation and '92 Olympic Games,” 2005年 (http://www.mt.usi.ch/barcelona-123372.pdf)、London East Research Institute、“A Lasting Legacy for London?”(ロンドン、2007年5月)。
2. サンチェス他、“Barcelona 1992,”、21頁。
3. もちろん、いったんオリンピックのプロジェクトが始まると、「バルセロナ大都市圏総合プラン」は修正されもした。バルセロナには巨大イベントを都市の変革に利用する伝統があったことも記しておこう。1929年のバルセロナ万国博覧会はモンジュイック公園の建設につながり、1888年のバルセロナ万国博覧会は街の中心部にあるシウタデリャ公園の建設につながった。
4. ミゲル・モラガス、ミゲル・ボテラ編 *Barcelona: L'herencia deis Jocs* 所収、フェラン・ブルネット、“The Economic Impact of the Barcelona Olympic Games, 1986-2004,”(バルセロナ:Centre d'Estudis Olimpics、2002年)、14

(www.etoa.org)、6 頁。

4. 同上。

5. J・R・ブレント・リッチー、ブライアン・H・スミス、"The Impact of a Mega-Event on Host Region Awareness: A Longitudinal Study," *Journal of Travel Research* 30, no.1 (1991 年)、3-10 頁。

6. A・ローズ、M・スピーゲル、"The Olympic Effect,"『エコノミックジャーナル』121 (2011 年)、652-77 頁。興味深いことに、2011 年にビリングスとホラデイにより行われた別の研究では、1950 年から 2005 年までのいかなるオリンピック開催地でも、大会による貿易自由度 (あるいは実質 GDP) の上昇は見られなかったと指摘された。S・ビリングス、J・ホラデイ、"Should Cities Go for the Gold? The Long-Term Impacts of Hosting the Olympics," *Economic Inquiry* 50, no.3 (2012 年)、754-72 頁。

7. ウォンホ・ソンは、ローズとスピーゲルのデータを用い、輸出と観光に増加が見られることを突き止めた。しかし、この発見もローズやスピーゲルの場合と同じく選択バイアスが生じている。W・ソン、"Impacts of Olympics on Exports and Tourism," *Journal of Economic Development* 35, no.4 (2010)。

8. W・メニッヒ、F・リヒター、"Exports and Olympic Games: Is There a Signal Effect?," *Journal of Sports Economics* 13, no.6 (2012 年)、636 頁。

9. ロバート・バウマン、T・シアバラ、B・エンゲルハルド、"An Examination of Spectator Sports and Crime Rates," *Economics and Labour Relations Review* 23, no.2 (2012 年)、83-97 頁。

10. 例えば、ワールドカップのドイツ大会 (2006 年) と南アフリカ大会 (2010 年) の期間中、性的人身売買は 30%から 40%増加したと言われている。参考:"Nuns, Backed by the Pope, Warn of Human Trafficking at World Cup,"『ロイター』、2014 年 5 月 20 日。(www.reuters.com/article/2014/05/20/us-soccer-world-trafficking-idUSBREA4JDIS20140520)、チェン・ジャン、"Forced Prostitution and Modern Slavery: Brazil's Response," Council on Hemispheric Relations、2015 年 4 月 6 日。(www.coha.org/forced-prostitution-and-modern-slavery-Brazils-Response)

11. 「ホワイトエレファント (white elephant)」という言葉は東南アジアの君主国の古い慣習から来ている。白い象はとても希少であり、神聖なものと見なされていた。王からそれを贈られるのは、名誉なことだった。しかし、その贈り物は受け取った方にすれば多大な負担でもあった。生涯ずっと、この白い象にエサをやり、世話をし続けなければならなかったのだ。

12. CBS ニュース、"Olympic Challenge: How Do Host Cities Fare after the

という。彼らはまた、自国のチームが勝利を収めても幸福度の上昇に大きな変化は見られなかったことも突き止めている。カヴェストス、シマンスキー、"National Well-Being and International Sports Events," *Journal of Economic Psychology* 31, no. 2（2010 年 4 月）、158-71 頁。

16. アトランタ国際空港への到着者数は 1996 年以降の 4 年間で急増せず、成長率は前の 4 年間よりも低かった。アトランタ国際空港はデルタ航空の拠点空港であり、41 カ国からの直行便があるため、空港への到着者数はオリンピック以外のあらゆる要素に影響を受ける。P・K・ポーター、D・フレッチャー、"The Economic Impact of the Olympic Games: Ex Ante Predictions and Ex Post Reality," *Journal of Sport Management* 22, no.4（2008 年）、470-86 頁。
17. ETOA、"Olympic Hotel Demand," ETOA Report 2010（www.etoa.org）.
18. 開催都市アトランタがあるジョージア州では、1996 年のホテル稼働率が前年の 73%から 68%に下がった。2000 年のシドニーでは、大会が近づくにつれ徐々に低下していき、3 月には 83%だったが 7 月と 8 月には 68%に落ち、大会中は 80 % に持ち直した。マーク・ペリマン、"Do the Olympics Boost the Economy? Studies Show the Impact Is Likely Negative,"『デイリー・ビースト』2012 年 7 月 7 日より（www.thedailybeast.com/articles/2012/07/30/do-the-olympics-boost-the-economy-studies-show-the-impact-is-likelynegative.html）
19. 前掲記事。
20. ETOA、"Olympics and Tourism," ETOA Report 2006（www.etoa.org）
21. バンクーバーのベッド稼働率も同様で、2007 年は 891 万だったものが、2010 年には 841 万 5,000 となった。
22. *Statistics Canada*、各年度（www.statcan.gc.ca/start-debut-eng.html）

第四章

1. クリストファー・ガフニー、"Between Discourse and Reality: The Un--Sustainability of Mega-Event Planning," *Sustainability* 5（2013 年）、3926-40 頁。
2. IOC は各大会の後に、想定される遺産的恩恵を色々な刊行物に書き連ねる。例えば、*Fact Sheet: Legacies of the Games*（2013 年 12 月）。またはグラントソントン、"Report 5: Post-Games Evaluation: Meta-Evaluation of the Impacts and Legacy of the London 2012 Olympic Games and Paralympic Games," 2013 年 7 月。
3. 欧州ツアーオペレーター協会（ETOA）、*Olympic Report*、ETOA Report 2006

Modelling," *Cambridge Journal of Regions, Economy and Society* 6 (2013年)、285-301頁などはひとつの参考になる。

4. 産業連関モデルのほとんどには、極めて複合的な輸出入のデータが含まれる。
5. ジョン・L・ジークフリート、アンドリュー・ジンバリスト、"The Economics of Sports Facilities and Their Communities," *Journal of Economic Perspectives* 14, no.3 (2000年)、95-114頁。
6. www.travelingguide.com/tourism/2008statistics.
7. この金額は、返済額 = 借り入れ金額 ×[r (1 + r) ^n/ ((1 + r) ^n − 1)]の一般的な計算式で算出した。「r」が利率、「n」が返済回数で、30年のローンとして計算している。
8. マイケル・デ・ヌーイ、"Mega Sport Events: A Probabilistic Social Cost-Benefit Analysis of Bidding for the Games," *Journal of Sports Economics* 15, no.4 (2014年)、412頁。間接費は1億4,200万ドルと試算されている。
9. 調査は分析会社DHVとコンサルティング会社Rebelにより行われた。彼らは費用便益分析を行い、11億から18億ユーロのマイナス影響があるだろうと結論づけた。Rebel社のイーノ・ゲルデスからの情報提供。
10. マイケル・フェブロウィッツ、"The Legacy Games: Social and Economic Impacts for Olympic Cities," *Social Impact Research Experience Journal*、2012年1月1日、20頁。
11. 欧州ツアーオペレーター協会 (ETOA)、"Olympic Hotel Demand," ETOA Report 2010 (www.etoa.org)。
12. ベント・フライバーグ、アリソン・スチュワート、" Olympic Proportions: Cost and Cost Overrun at the Olympics 1960-2012," Said Business School Working Papers、オックスフォード大学、2012年。
13. 巨大イベントに関連する人的損失への対処については、デイブ・ジリンの *Brazil's Dance with the Devil* (シカゴ:兵マーケット・ブックス、2014年)、第6章と第7章に詳しい。
14. 1996年アトランタ、2002年ソルトレイクシティ、2010年バンクーバー、2014年ソチの運営費が予算内か多少の黒字なのは、すべて政府からの援助のおかげである。参照はコンサルティング会社ブラットル・グループの *Analysis of the Boston 2024 Proposed Summer Olympic Plans*。この分析は2015年8月17日に、マサチューセッツ州知事、上院議長、下院議長宛に作成されたものである。
15. ゲルギオス・カヴェストスとステファン・シマンスキーは、調査結果を用いてヨーロッパの三つの巨大イベントを検討し、三つの開催国のうち二カ国で主観的幸福度に短期的な上昇が見られたことを明らかにしたが、効果は長く続かなかった

com、2014年7月23日（http://brazilportal.wordpress.com/2014/07/24/brazil-to-spend-record-600-million-to-boost-olympic-medal-hopes/）

50. ロンドンオリンピック組織員会は、IOCから7億ドルしか受け取らなかったと報告している。IOCが主張する割合に比べるとかなり少ない。参照は、"London Olympics 2012: Where Does the Money Come From—And Where's It Being Spent?,"『ガーディアン』、2012年7月26日（www.theguardian.com/sport/datablog/2012/jul/26/london-2012-olympics-money）など。
51. IOC、*Olympic Marketing File*、2014年、7・26頁。
52. ジャン・シェリニアン、"Rio 2016 'Top Priority' after World Cup, Pledges Brazilian President,"『インサイド・ザ・ゲームズ』、2014年7月11日（www.insidethegames.biz/olympics/summer-olympics/2016/1021254-rio-2016-top-priority-after-world-cup-pledges-brazilian-president）

第三章

1. 事前分析は、イベントの開催前にその後の効果を推定するものである。そのような推定を行うためには、観光客の数、彼らの開催国や開催都市での滞在日数、一日の出費額などの予想を立てる必要がある。こうした予想値を非現実的なものにして、推定金額を大きく見せるのは簡単だ。本文でも指摘しているように、この分析法には他にも多くの問題点がある。
2. 巨大イベントの開催地に決定したことによる金融市場の反応を事前分析する場合もある。そうした分析についての研究も進んでおり、結果は様々だ。北京とシドニーでは、開催地に決まったことが株式市場の持続的な後押しにはならなかったものの、シドニーがあるニューサウスウェールズ州の各建設会社の株価は上がった。参照はR・ブルックス、S・ダビッドソン、"The Sydney Olympic Games Announcement and the Australian Stock Market Reaction," *Applied Economics Letters* 7, no.12（2000年）、M・リーズ、J・ミリキタニ、D・タン、"Rational Exuberance? An Event Analysis of the 2008 Olympic Announcement," *International Journal of Sport Finance* 4, no.1（2009年）、N・ヴェラロス、E・カシマティ、P・ドーソン、"The 2004 Olympic Games Announcement and Its Effect on the Athens and Milan Stock Exchanges," *Applied Economics Letters* 11, no.12（2004年）など。
3. こうした問題はCGEモデル（コンピュータで計算可能な一般均衡モデル）を用いることで改善される可能性がある。製品価格の変動や資源制約の影響なども含めて計算できるからだ。ジェイムズ・ギーゼッケ、ジョン・マッデン、" Evidence-Based Regional Economic Policy Analysis: The Role of CGE

ピック組織委員会の会長に就任した後も、ソルトレイクシティオリンピック組織委員会に改善の兆しは見えなかった。ロムニーは「完全な透明性」を誓ったものの、委員会の活動はその言葉に値するものではなかった。『ボストン・グローブ』の報道によると、「大会に関する組織内の最も重要な記録」は大会終了後すぐに「職員の手で処分された」という。委員のメンバーでありユタ州市町村連盟の代表だったケネス・ブロックは「彼ら [ソルトレイクシティオリンピック組織委員会] の透明性はブラックホールへと消えた。この世に存在していないんだ」と語った。クリストファー・ローランド、カラム・ボーチャーズ、" Mitt Romney's '02 Olympics Short on Transparency,"『ボストン・グローブ』、2012 年 7 月 24 日。

44. Michael Payne, *Olympic Turnaround* (ロンドンビジネスプレス、2005 年)、234 頁。
45. 以前にもスポンサー協賛金の分配をめぐり同様の騒動が起こっていた。IOC が 1985 年にスポンサーを厳選する制度を「TOP プログラム」に組み込んだことを受け、スポンサーの大企業の多くはアメリカの会社であることから（そして IOC が契約しなければ、国と契約する準備があることから)、アメリカ・オリンピック委員会は多くの取り分を受け取る権利があると主張した。各国のオリンピック委員会は、当然この意見を反対した。IOC と協賛企業との交渉を代理で行うインターナショナル・スポーツ・アンド・レジャー（ISL）社は、協賛金総額の 20%をアメリカ・オリンピック委員会に分配することを提案した。アメリカは 30%を受け取ることに成功したが、多くの反感を買う結果となった。バーニー他、*Selling the Five Rings*、174-80 頁参照。
46. こうしたデータやオリンピックのその他の財政データは「*Olympic Marketing File*」や各大会の IOC の報告書で閲覧できる。
47. "IOC, USOC Finalize Revenue Deal," ESPN.com、2012 年 5 月 24 日（http://espn.go.com/olympics/story/_/id/7967000/ioc-usoc-resolve-differences-revenues）. バーニー他、*Selling the Five Rings*、第 11 章も参照。
48. ソチ大会の出費は 700 億ドルにも達するという調査もある。プーチンは投資の詳細な内訳を発表していないため、510 億ドルという額がよく主張されるとはいえ、確かな金額は分からない。大会期間中や大会後のルーブルとドルの為替レートの変動が大きかったことも算出をさらに難しくしている。
49. この試算には、2016 年大会でメダル獲得数ベスト 10 入りを目指すブラジルが選手強化に費やす予定の 6 億ドルは含まれていない。ブラジルのメダル獲得数の目標は、2012 年大会から 13 個増の 30 個だという。タリク・パンジャ、"Brazil to Spend Record $600 Million to Boost Olympic Medal Hopes," Bloomberg.

スは幸運だったと指摘している。

34. ABCはIOCにアメリカ国内の放映権料2億2,500万ドルを支払い、4億ドル以上の利益を生み出すことに成功した。国内での視聴率上昇を受け、ABCは30秒のCMに対し25万ドルを徴収することができた。その一方で、ピーター・ユベロスは多数のボランティアに助けられ、自身は47万5,000ドルという慎ましい額のボーナスを受け取った。
35. キラニン卿がIOC会長だった時代からアマチュアリズムには亀裂が入り始めていた。1978年、オリンピック憲章の規則26が修正され、報酬は自国のスポーツ連盟か自国のオリンピック委員会が受け取る条件で、選手たちは報酬の発生する宣伝活動へ公式に参加できるようになった。報酬を受け取る組織は、その後「小遣い」を含め大会に関連する費用を選手たちに支払うことが許可された。選手が定職を持っている場合、大会期間中の「休業手当」も支払うことが許可された。しかしプロの選手に参加資格はないとする規則は残り続けていた。
36. 当時のIOC委員は男性109名、女性7名で構成されていた。1966年以前に選出された委員は終身委員となっており、それ以降に任命された委員は80歳までの上限となっていた。現在の上限は70歳となっている。
37. 冬季・夏季オリンピックは共に規模が拡大しつつあったため、開催時期をずらすことは運営上も理にかなったものだった。
38. ヴォルフガング・メニッヒ、アンドリュー・S・ジンバリスト編 *International Handbook on the Economics of Mega Sporting Events* 所収、エルマー・スターケン、"Economic Impact of Organizing Large Sporting Events,"（イギリス、チェルトナム：エドワード・エルガー、2012年）、340頁。
39. スティーヴン・ウェン、ロバート・バーニー、スコット・マーティン、*Tarnished Rings: The International Olympic Committee Bid Scandal*（シラキュース大学出版、2011年）、第6章、A・ジェニングス、V・サイモン、*The Lords of the Rings: Power, Money and Drugs in the Modern Olympics*（トランスパレンシー・ブックス、2012年）などを参照。
40. ユベロスは、1988年大会の招致に成功した韓国によるIOC委員への物品提供に関しても発言している（『ユベロス―明日を拓くわが起業家魂！』、131頁）。
41. ヘレン・レンスキー、Helen Lenskyj, *Inside the Olympic Industry*（ニューヨーク州立大学出版、2000年）、第1章などを参照。
42. "Nagano Olympics Records Destroyed," CNNSI.com、1999年1月15日 (www.sportsillustrated.cnn.com/features/1999/year_in_review/flashbacks/olympics1/)
43. ソルトレイクシティのスキャンダルが発覚し、ミット・ロムニーが同市のオリン

ある。しかしユベロスは1980年モスクワ大会でソ連は50億ドル以上を費やしたと記している（『ユベロス—明日を拓くわが起業家魂！』、73頁）。バーニーらはモスクワの公式記録では13億ドルとされているが、90億ドルとする試算もあると指摘している（*Selling the Five Rings*、148頁）。

27. イラン革命が目前に迫っていたテヘランも1984年大会に立候補していたが、最終選考に入る前に辞退した。
28. ユベロスは「[大会のために]寄付を募れば、教会やシナゴーグ、病院、YMCA、ガールスカウト、その他、運営資金を寄付に頼っている多くの立派な組織と競合することになる。(中略)。こうしたやり方は無神経で思慮に欠けるものといわざるを得ない。またUSOCがほとんど全面的に寄付に頼っているので、仲間うちでせりあうような真似もしたくなかった」と記している。『ユベロス—明日を拓くわが起業家魂！』、73頁。
29. ユベロス、『ユベロス—明日を拓くわが起業家魂！』、147頁。
30. どの程度影響するかは経済学用語で言う「需要の価格弾力性」の大小によって変わる。消費者が価格の変動に敏感に反応する場合（弾力性が大きい場合）、宿泊税やレンタカー代などが上がると都市への観光の需要が低下する。
31. スポンサー企業の厳選とはつまり、例えばビールであれば、ビール会社で大会中に宣伝できる企業を1社のみに絞ったということである。その企業は自社がオリンピックの公式スポンサーだと宣伝することも許可された。ユベロスは著書のなかでスポンサー企業を減らし1業種1社の大企業と契約を交わすというアイデアは側近のジョエル・ルーベンスタインによるものだと語っている『ユベロス—明日を拓くわが起業家魂！』、74頁。IOCはロサンゼルス大会後、すぐにこの戦略をスポンサー制度「TOPプログラム」に取り入れた。
32. 黒字の額については様々な説があるが、2億1,500万ドルはユベロスがいくつかの著書のなかで語っている数字である（たとえば『ユベロス—明日を拓くわが起業家魂！』、414頁）。ユベロスによると、この数字は1984年9月に発表された1億5,000万ドルの黒字を上方修正したものだという。青少年のスポーツ振興に役立てるため黒字額の60%はアメリカ・オリンピック委員会に、40%は南カリフォルニアに分け与えられた。IOCの公式発表でもロサンゼルス大会の黒字額は2億1,500万ドルとされているが、ロサンゼルスオリンピック組織委員会が解散するまでに追加の収益がある可能性にも言及している。参考 http://library.la84.org/6oic/OfficialReports/1984/1984v1pt2.pdf、11.01.10、309頁。
33. IOCによる公式発表。同370頁。ユベロスは、最終段階でいくつかの問題が起き資金を投じたことで100万ドルの運営黒字となる見込みが600万ドルの運営赤字となってしまったニューヨーク州レークプラシッドと比較して、ロサンゼル

Marketing/OLYMPIC_MARKETING_FACT_%20FILE_2014.pdf)、22頁。

13. バーニー他、*Selling the Five Rings*、第4章。1968年メキシコシティ大会は初めてカラー放送が行われた大会だった（同84頁）。
14. こうした軋轢や妥協案については前掲書80-98頁参照。
15. ガットマン、*The Olympics*、113頁。各スポーツに1つの国際連盟がある。
16. ロサンゼルス大会についての回想録のなかで、大会組織委員長ピーター・ユベロスは、IOCがアメリカの放映権料収入2億2,500万ドルの3分の1を手にしたと述べている。(『ユベロス―明日を拓くわが起業家魂！』、83-84頁)。しかし本文でも指摘したように、この数字は不正確だ。IOCが受け取ったのは現金支払い分1億ドルの3分の1だけである。
17. 1988年冬季オリンピック・カルガリー大会では技術サービス料が差し引かれた。それは放映権料総額の20%に相当するものだった。バーニー他、*Selling the Five Rings*、207頁。
18. 前掲書、第8章。
19. 制度的革命党は1929年の結成後70年以上にわたり勢力を保ち続けている。
20. メキシコシティ大会にはもうひとつ初めてのことがあった。アディダスやプーマから報酬を受け取り、それらブランドのシューズを着用する選手たちが現れたのだ。選手たちを使った宣伝は、その後10年で静かに進んでいき、IOCもほぼ黙認していた。
21. フェンスを乗り越えることも宿舎に侵入することも容易だった。イスラエル選手団は、大会の開始当初より安全な場所への移動を求めていたが、要求は却下されていた。
22. ジョン・ゴールド、マーガレット・ゴールド、"Olympic Cities: Regeneration, City Rebranding and Changing Urban Agendas,"『ジオグラフィー・コンパス』、Vol2、issue1、2008年、305頁。
23. モントリオールの大幅な予算超過の原因の詳細については、ガットマン、*The Olympics*、143-44頁やバーニー他の、*Selling the Five Rings*、123-25頁を参照。
24. 1904年大会で初めてパフォーマンス増強のために薬物が使用された記録が残っている。マラソン優勝者トーマス・ヒックスはストリキニーネを使用していた。ステロイド、エリスロポエチン、その他の薬物の使用は東ドイツの選手たち以外にも広がっていた。マリオン・ジョーンズやベン・ジョンソンら著名な選手たちがドーピングを認めるか、検査で陽性反応が出ている。
25. ユベロス、『ユベロス―明日を拓くわが起業家魂！』、97頁。
26. 西洋の多くの報道ではモスクワ大会の実際の財政状況は不明だとされている。アレクセイ・コスイギンとレオニード・ブレジネフにより国家機密とされたからで

Olympism: Selected Writings of Pierre de Coubertin, ed. Norbert Muller（ローザンヌ :IOC、1970）

3. 国際オリンピック委員会（IOC)、「オリンピック憲章」（ローザンヌ、2013）(www.olympic.org/documents/olympic_charter_en.pdf)
4. アレン・ガットマン、*The Olympics: A History of the Modern Games*（イリノイ大学出版、2002 年)、第 3 章。
5. ローランド・レンソン、マレイケ・デン・ホランダー、"Sport and Business in the City: The Antwerp Olympic Games of 1920 and the Urban Elite,"、*Olympika: The International Journal of Olympic Studies* 6（1997 年)、73-84 頁。
6. ガットマン、*The Olympics*、44 頁。
7. この詳細や 1936 年大会が直面したその他の問題についてはガットマンの *The Olympics*、第四章を参照のこと。
8. しかしユダヤ教にルーツを持つルディ・ボール（アイスホッケー）とヘレーネ・メイヤー（フェンシングのトップ選手）の 2 選手は参加した。彼らはユダヤ教徒の父と非ユダヤ教徒の母を持っていた。ユダヤ教の慣例では、ユダヤ教徒の母親を持つ人間だけがユダヤ教徒と見なされる。同大会のドイツのユダヤ教徒をめぐる問題の詳細はアーンド・クルーガーとウィリアム・マレー編 *The Nazi Olympics: Sport, Politics and Appeasement in the 1930s* 所収、アーンド・クルーガーの "Germany: The Propaganda Machine," 参照（イリノイ大学出版、2003 年）
9. 外されたのはマーティ・グリックマンとサム・ストラーの 2 選手。ドナルド・ハリソン、"Jewish Athlete Still Bitter about Ruined Shot at Gold Medal,"『サンディエゴ・ジューイッシュ・プレス・ヘリテージ』、1999 年 7 月 2 日（www.jewishsightseeing.com/germany/berlin/olympic_stadium/19990702-glickman.htm）や、マーティ・グリックマンとスタン・アイザックス、*The Fastest Kid on the Block: The Marty Glickman Story*（シラキュース大学出版、1999 年）などが参考になる。
10. 結果的にドイツは 1936 年大会で最多の金メダルを獲得した。2 位はアメリカ、3 位はハンガリーだった。
11. メルボルン大会では、イスラエルによる 1956 年のスエズ運河侵攻に抗議したエジプト、イラク、そしてレバノンがボイコットを行った。水球のハンガリー代表対ソ連代表の試合で乱闘が起きた大会でもある。その年、ソ連がハンガリーに侵攻していたのだった。
12. IOC、*Olympic Marketing File*、2014 年（www.olympic.org/Documents/IOC_

Notes

序文

1. ロバート・ホワイティング、“Negative Impact of 1964 Olympics Profound,”『ジャパン・タイムズ』、2014年10月24日。

第一章

1. 1980年夏季大会に立候補したのはロサンゼルスとモスクワだけだった。ロサンゼルスはアメリカ最多の立候補都市である。
2. 2014年、バッハ会長はローザンヌの部屋の賃料に加え、24万3,000ドルの経費を支給され、IOC理事たちは出張1日につき450ドル、一般管理費として年7,000ドルを受け取っていた。ニック・バトラー、”Bach Receives $243,000 a Year for Being IOC President,” Insidethegames.com、2015年4月2日。
3. ナワーフ・ビン・ファイサル・ビン・ファハド・アール＝サウード王子は2014年7月11日にIOCを辞職した。
4. www.businessinsider.com/finances-of-the-ioc-2012-8?op=1. 参照。このような王族たちが委員になることには別の利点もあるという。ヴォルフガング・メニッヒが私に指摘したのは、少なくとも彼ら王族は買収されたりはしないという点だ。
5. 広告塔に元オリンピック選手を起用する招致委員会も多い。
6. リック・バートン、ノーム・オライリー、“Bach's History a Signal That His Leadership Will Be Proactive,”『スポーツビジネス・ジャーナル』、2014年2月10-16日。夏季オリンピックと冬季オリンピックを両方開催する初めての都市となる可能性があったため、ストックホルムも立候補には特に大きな意味があった。ミュンヘンはトーマス・バッハが関心を示していた都市だった。彼はミュンヘンから北にすぐのヴュルツブルク出身だった。

第二章

1. クーベルタンが近代オリンピック開催に向けて取り組むようになったのはイギリスの医師ウィリアム・ペニー・ブルックスとの出会いがきっかけだった。参考はロバート・バーニー、スティーブン・R・ウェン、スコット・G・マーティン、*Selling the Five Rings: The International Olympic Committee and the Rise of Olympic Commercialism*（ユタ大学出版、2004年）、第1章。
2. クーベルタンはアマチュアリズムについての考えを次第に変えていく。

著者　アンドリュー・ジンバリスト

著者は、スミス大学（マサチューセッツ州）の経済学教授、ロバート・A・ウッズ教授と同一人物である。スポーツ経済学者、業界コンサルタントとして知られ、様々なメディアにおいて精力的に発言している。「Sports, Jobs, and Taxes: The Economic Impact of Sports Teams and Stadiums（球界裏・二死満塁――野球ビジネスと金）」「May the Best Team Win: Baseball Economics and Public Policy（60億を投資できるMLBのからくり）」「National Pastime: How Americans Play Baseball and the Rest of the World Plays Soccer（サッカーで燃える国 野球で儲ける国――スポーツ文化の経済史）などの著作で知られる。

オリンピック経済幻想論

2016年3月18日　初版第一刷発行

著者　アンドリュー・ジンバリスト

〈日本語版スタッフ〉

翻訳　田端 優

カバーデザイン　秋吉あきら（アキヨシアキラデザイン）

本文デザイン　アーティザンカンパニー

翻訳協力　株式会社ラパン

カバー協力　マーシー

Special thanks　竹内えり子（日本ユニエージェンシー）

編集　小宮亜里　黒澤麻子

発行者　木谷仁哉

発行所　株式会社ブックマン社

〒101-0065　東京都千代田区西神田3-3-5

TEL 03-3237-7777　FAX 03-5226-9599

http://bookman.co.jp

ISBN 978-4-89308-855-0

印刷・製本：図書印刷株式会社